Liebe Schülerinnen und Schüler,

dieses *Cahier d'activités* ergänzt das Schülerbuch *Horizons* (Klettbuch 520921) und wird Sie bis zum Abitur begleiten. Es ist im Wesentlichen für die Arbeit zu Hause konzipiert, kann aber auch im Unterricht eingesetzt werden. Wenn Sie das *Cahier* individuell nutzen, können Sie Ihre Lösungen anhand der Modelllösungen auf der beiliegenden CD-ROM überprüfen.

Die Übungen des *Cahiers* beziehen sich meistens auf die Texte des Schülerbuchs.

Das *Cahier d'activités* enthält folgende Übungstypen:

- Übungen, mit denen Sie die ***Strategien*** des *Savoir-Faire*-Teils im Schülerbuch (und auf der beiliegenden CD-ROM) kleinschrittig üben können.
- *Grammatik*-Übungen, die bestimmte grammatische Phänomene, die Sie aus der Sekundarstufe I schon kennen, wiederholen und vertiefen. Die §§-Symbole verweisen auf die entsprechenden Paragrafen der neuen *Oberstufengrammatik Französisch* (Klettbuch 520932).
- Übungen zur Festigung des ***Wortschatzes*** aus den Texten des Schülerbuches oder zur Anwendung des thematischen Wortschatzes, den Sie auf der CD-ROM finden.
- Pro Modul eine Aufgabe zur ***Sprachmittlung***, bei der ein deutscher Ausgangstext in die französische Sprache zu übertragen ist.
- ***Hörverstehensübungen***, die sich beziehen auf:
  - die Hörtexte des Schülerbuches (dafür ist die Lehrer-CD erforderlich, d.h. diese Übungen können nur im Rahmen des Unterrichts bearbeitet werden – dies gilt auch für die Übungen zum Hörsehverstehen).
  - 13 zusätzliche Hörtexte, die Sie auf der beiliegenden CD-ROM finden (siehe Übungen mit Schüler-CD-Symbol).

Darüber hinaus bekommen Sie hin und wieder die Gelegenheit, anhand von Aufgaben im DELF-Format sich auf das Niveau B2 vorzubereiten. Für ein gezieltes Training auf die DELF-Prüfung empfehlen wir Ihnen das Heft *DELF scolaire B2 – Prêts pour l'Europe* (Klettbuch 521105).

Schließlich finden Sie auf der CD-ROM Portfoliobögen, mit denen Sie Ihre Fortschritte dokumentieren können.

Nun kann es losgehen! Wir wünschen Ihnen eine anregende und erfolgreiche Arbeit mit den Übungen dieses *Cahier d'activités*.

Das Autorenteam

Symbolerklärung			
👁	Lire	🔴	CD de l'elève (dans ce cahier)
👂	Ecouter	🔵	CD du professeur
👄	Parler	🐬	DELF
✏	Ecrire	→ Stratégie 10	Stratégie dans le livre de l'élève et sur le CD-ROM
F<>D	Transmettre	→ Les pronoms	Rappel dans le cahier
↕	Compétence interculturelle	→ § 53	*Oberstufengrammatik Französisch*
		LE	Livre de l'élève

Table des matières

Table des matières

Adorables, les ados ?

1 Regardez les couvertures d'albums ci-contre.

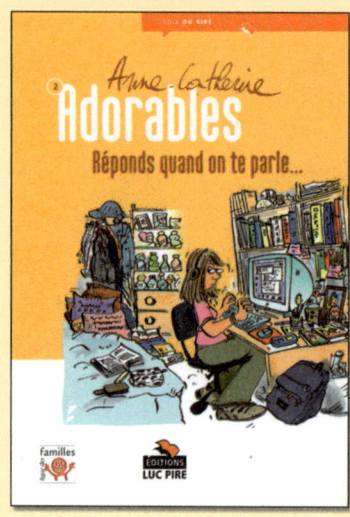 

a Dans quelle(s) situation(s) y sont représentés les jeunes ?

b Quelle image des jeunes la dessinatrice donne-t-elle ?

c Qu'en pensez-vous ?

A1 Les temps changent

1 Mutations 👁

→ Stratégie 9, p. 225

Regardez la planche de BD de Maïtena (LE p. 10) sans lire le texte et répondez aux questions.

a La planche.
Les vignettes sont-elles toutes de la même taille et réparties de façon équilibrée sur la page ? ☐ oui ☐ non

Quelle(s) couleur(s) domine(nt) ? Qu'y associez-vous ? _____

Le graphisme est-il plutôt ☐ réaliste ☐ classique ☐ élaboré ☐ caricatural ?

b Les vignettes.
Les vignettes se suivent-elles pour raconter une seule et même histoire ? ☐ oui ☐ non

Retrouve-t-on les mêmes personnages sur les différentes vignettes ?
Les visages des personnages sont très expressifs. Choisissez-en 3 et décrivez ce qu'expriment leurs visages.

Lisez maintenant la planche de BD avec le texte.

c Le texte.
Le texte est-il principalement constitué de ☐ récitatifs ☐ bulles ?
Le dessin se rapporte-t-il ☐ à tout le texte ☐ à une partie du texte ?

Quelle(s) vignette(s) traite(nt) des sujets suivants (indiquez les numéros des vignettes de 1 à 12) :

la science	_____	la mondialisation	_____	la vie amoureuse	_____
les idéaux	_____	les nouvelles technologies	_____	le sexe	_____
les rapports familiaux	_____	les moyens de communication	_____	l'évasion du réel	_____
l'homosexualité	_____	la politique	_____		

Pour chaque vignette, le texte met en évidence une opposition entre hier et aujourd'hui. Choisissez 3 vignettes et expliquez en quoi consiste l'opposition.

d L'interprétation.
S'agit-il d'une BD ☐ humoristique ☐ d'aventure ☐ de science-fiction ?

A votre avis, à quel public s'adresse Maïtena ?

Porte-t-elle un jugement de valeur sur les changements qu'elle décrit ?

2 Hier et aujourd'hui

→ §§ 30, 32

A vous ! Qu'est-ce qui a changé entre la génération de vos parents et la vôtre ? Trouvez 3 changements.
Pour chacun d'eux, formulez deux phrases, la 1ère à l'imparfait, la 2e au présent.

Exemple : Avant, nos amis habitaient dans la même ville que nous. Aujourd'hui, on a des amis partout dans le monde.

_____

_____

_____

A2 Savoir vivre ensemble

1 Les bonnes et les mauvaises manières

Lisez le texte A2 (LE p. 11). Répondez aux questions en cochant la bonne réponse ou en écrivant l'information demandée.

Les parents n'enseignent plus les règles de politesse à leurs enfants.

vrai ☐   faux ☐   la preuve : _____

Selon Pierre Marchal, la société dans laquelle on vit est trop individualiste.

vrai ☐   faux ☐   la preuve : _____

Les règles de politesse   ☐ n'ont plus rien à voir avec les normes sociales d'hier.
                          ☐ ont changé à cause de l'individualisme de notre société.
                          ☐ jouent le même rôle qu'hier : elles limitent les conflits entre les individus.

Quels exemples d'actions entreprises pour éduquer au savoir-vivre sont cités dans le texte ? Nommez-en deux.

_____

Que veut montrer l'auteur en citant l'exemple du téléphone portable ?

_____

2 Guide des mauvaises manières

→ § 59

Rappel : **L'impératif**	
An eine Person (du)	→ Regarde ! Viens ! Attends !
An eine Person (Sie: Höflichkeit) An mehrere Personen (ihr)	→ Regardez ! Venez ! Attendez !
An mehrere Personen und sich selbst (lasst uns …)	→ Regardons ! Venons ! Attendons !
Achten Sie dabei auf die Objektpronomen: Regarde-moi ! Aber: Ne me regarde pas !	

Complétez la liste de mauvaises manières à l'usage des jeunes d'aujourd'hui (voir LE p. 11) en utilisant l'impératif.

Exemple : Dérangez les autres voyageurs en parlant fort dans votre portable dans le train.

1 _____

2 _____

3 _____

A3 Happy meal

1 Les pronoms, je les maîtrise !

→ §§ 53 – 55, 58, 61

Rappel : **Les pronoms sujets et objets – Les pronoms personnels disjoints**

Subjektpronomen Nominativ (wer?)	Objektpronomen Akkusativ (objet direct : wen?)	Dativ (objet indirect : wem?)	Unverbundene Personalpronomen
je (ich)	me (mich)	me (mir)	moi
tu (du)	te (dich)	te (dir)	toi
il / elle (er / sie)	le (ihn) / la (sie)	lui (ihm / ihr)	lui / elle
nous (wir)	nous (uns)	nous (uns)	nous
vous (ihr)	vous (euch)	vous (euch)	vous
ils / elles (sie)	les (sie)	leur (ihnen)	eux / elles

Das direkte Objektpronomen *le* kann sich auch auf einen ganzen Satz beziehen:
– Le prof n'est pas là !   – Je le sais !

Die unverbundenen Personalpronomen stehen u. a. nach Präpositionen, in Sätzen ohne Verb, zur Hervorhebung…

Das reflexive *soi* kommt vor allem in feststehenden Ausdrücken wie *chacun pour soi* (jeder für sich) oder in Ausdrücken wie *ne penser qu'à soi* (nur an sich denken) vor.

Achten Sie auf die Wortstellung: – Tu me donnes son numéro ?   – Oui, je te le donne tout de suite.
– Tu leur a donné la photo ?   – Oui, je la leur ai donnée hier.

Remplacez les expressions en italiques par les pronoms qui conviennent.

1 J'aime bien aller manger en ville avec *mes amis*. _____

2 Quand je sors avec une fille, j'aime inviter *cette fille* au ciné. _____

3 Je montre *à cette fille* mes endroits préférés. _____

4 J'essaie toujours de rendre *ma copine* heureuse. _____

5 Je n'aime pas aller danser. Heureusement, ma copine sait *que je n'aime pas aller danser*.

_____

2 Nouvelle à chute 👁

→ Stratégie 4, p. 221

Lisez le texte d'Anna Gavalda à la page 12 de votre livre.

a La perspective narrative : Quel pronom personnel emploie le narrateur ? _____

Relevez dans le texte des passages qui expriment les pensées / souhaits / sentiments du narrateur.

En conclusion, de quel type de narrateur s'agit-il ? _____

b Les personnages.
Qui est le narrateur ? Faites des hypothèses sur son identité (sexe, âge…) en vous appuyant sur le texte.

Qu'apprend-on sur la fille ? Relevez dans le texte des informations permettant de faire son portrait.

Relevez dans le texte des passages qui permettent de caractériser la relation entre ces 2 personnages et interprétez-les.

c L'action : Résumez l'action en une phrase.

_____

d Ce passage est extrait d'une nouvelle dite « à chute », c'est-à-dire que la fin va être surprenante. En vous appuyant sur vos réponses aux questions a), b) et c), imaginez la fin de cette histoire.

B1 Jeunes et beaux

1 Photos de jeunes

→ Stratégies 6 + 8, p. 223 + 224

a Regardez bien la photo du garçon à la page 13 de votre livre. Lisez le texte descriptif ci-dessous, retrouvez les 4 erreurs qui s'y sont glissées et corrigez-les.

C'est un jeune Noir d'aspect sportif. Il porte un long sweat-shirt rouge et un baggy gris.
Il a un chapeau sur la tête et des baskets aux pieds. Il a une chaîne au poignet gauche,
une autre autour du cou et 3 bagues aux doigts. Ses vêtements et son micro à la main
lui donnent un style de rappeur.

b Regardez maintenant la photo de la fille. De quels mots allez-vous avoir besoin pour la décrire ?

une robe – une jupe – un chemisier – un foulard – des tennis – des chaussures à talons –
des bijoux – une montre – un sac à dos – un sac à main – des collants – une ceinture

A vous ! A l'aide de ces mots, décrivez maintenant la jeune fille.

2 Une question de style

→ §§ 17 – 19

a Regardez les photos ci-dessous et complétez le texte à trous en accordant l'adjectif et en l'insérant à la bonne place.

Découvrez notre _____ collection
_____ (nouveau) !
Faites comme ces jeunes et optez pour un
_____ style
_____ (décontracté +
naturel). Nous vous offrons un _____
choix _____ (large) de _____
_____ jeans _____
_____ (beau + confortable
+ bien coupé). Les _____ tons
_____ (classique) de nos jeans
 à la _____ coupe
_____ (masculin ou
féminin) vont aussi bien avec les _____
couleurs _____ (vif) de nos pulls, vestes
et foulards qu'avec les _____ tons
_____ (plus discret) de nos
sweat-shirts et tee-shirts. Nos _____
sacs _____ (original) vous séduiront !

décontracté,e entspannt – **coupé,e** geschnitten –
la coupe Schnitt – **vif, vive** *ici* leuchtend

b Parmi les 4 photos (celles de votre livre et celles-ci), laquelle préférez-vous ? Dites pourquoi

B2 La dictature du look

  Tendez l'oreille !

→ Stratégie 10, p. 226

L'écoute sélective : Ecoutez le texte audio. Soulignez la bonne réponse.

Une enquête a été faite auprès de 1000 / 10 000 / 100 000 collégiens.

Ça crée une détention / des tensions / une attention dans la famille.

Ce qui est nouveau, ce n'est pas le sujet mais les peurs / la lenteur / l'ampleur du phénomène.

Certains sont inquiets à cause du chômage / du ménage / du jeune âge des personnes interrogées.

C'est qui le rejeté ? C'est celui qui est blasé / est nase / amuse…

B3 Danger, portable !

Un monde sans portable

→ §§ 38, 90

> Rappel : **Les phrases conditionnelles**
>
> • S'il vient nous voir, je lui parle du problème.   (je ne sais pas encore s'il vient – par ex. parce qu'il n'était pas sûr
>   je lui parlerai du problème.   de pouvoir venir)
>   parle-lui du problème.
> • S'il venait nous voir, je lui parlerais du problème.   (malheureusement il ne vient pas aujourd'hui)
> • S'il était venu nous voir, je lui aurais parlé du problème.   (malheureusement il n'est pas venu)

a   Complétez le texte à trous ci-dessous en conjuguant les verbes entre parenthèses au conditionnel.

Dans un monde sans portable, on _____ (être) obligé de se donner des rendez-vous précis.

On _____ (éviter) d'être en retard puisqu'on _____ (ne pas pouvoir)

prévenir la personne qui nous attend. On _____ (ne plus envoyer)

de textos à nos amis pour montrer qu'on pense à eux : il _____ (falloir) inventer

autre chose pour leur montrer qu'on ne les oublie pas !

b   A vous ! Pour préparer votre narration (voir Ecriture LE p. 14), complétez la phrase avec vos propres idées (trouvez au moins 5 changements).

Si je n'avais plus de portable, …

_____

_____

_____

_____

_____

B4 Dépendance virtuelle

1 La bonne préposition

Complétez le texte à trous ci-dessous avec la préposition manquante.

Mon ami est accro _____ l'ordinateur. A chaque fois que je l'appelle pour lui proposer _____ sortir, il me dit qu'il

est occupé _____ jouer, _____ chatter ou _____ surfer _____ Internet. Heureusement qu'il n'éteint pas son

portable et qu'il répond encore _____ appels ! Les rares fois où je le vois, on discute un peu mais je dois dire que

c'est difficile _____ parler avec lui _____ autre chose que _____ ses nouveaux scores ou _____ ses nouveaux

contacts. Le week-end dernier, il a refusé _____ m'accompagner en ville mais il avait besoin _____ une nouvelle

webcam. Il a profité _____ l'occasion pour me demander _____ lui en rapporter une.

2 Un bon résumé 👁

→ Stratégie 18, p. 234

Lisez les 3 textes ci-dessous. Lequel vous semble convenir le mieux comme résumé du texte de Nancy Ladde
à la page 15 de votre livre ? Justifiez votre réponse.

1 L'association Le Cap a eu l'idée d'organiser une manifestation de prévention contre la dépendance aux écrans.
   Elle a réussi à convaincre six mille lycéens en Alsace d'y participer. Le directeur de l'association dit qu'il veut protéger les jeunes en leur montrant qu'il y a un fort risque de dépendance. Quand les jeunes passent trop de temps
   avec leurs portables, leurs jeux vidéo ou sur Internet, c'est un peu comme une drogue pour eux, qu'ils utilisent pour
   « s'enfuir via le virtuel » quand la réalité est trop difficile. Marc Valleur, psychiatre, précise qu'on ne sait pas encore
   exactement où commence la dépendance aux écrans. L'auteur du texte a réuni plusieurs témoignages de jeunes qui
   s'expriment sur le sujet : Magali dit qu'elle est « un peu accro à la télé ». Pierre, lui, est d'avis que ce n'est pas un problème de vivre deux jours sans écran. Enfin, Bruno, qui à mon avis n'est pas accro puisqu'il ne va pas tous les jours
   sur MSN et qu'il dit qu'il pourrait aussi écouter les infos à la radio, pense que « c'est possible » de se passer d'écrans
   pendant deux jours. (190 mots)

2 Six mille lycéens alsaciens étaient d'accord pour renoncer à la télé, à l'ordinateur et au portable pendant deux jours.
   Le but de l'association Le Cap, qui « cherche à alerter les jeunes sur le fait qu'un excès d'écran peut avoir des conséquences sur la santé », était d'examiner leur degré de cyberdépendance, un problème sous-estimé dans notre
   société. Les adolescents sont les premiers à s'enfuir dans le monde virtuel parce que celui-ci leur semble plus facile
   à maîtriser que le monde réel. Trois jeunes interrogés ont admis qu'ils étaient un peu accros à la télé ou au chat sur
   MSN. Ils ont exprimé l'intention de consacrer plus de temps à autre chose : la nature, les amis, le sport. (117 mots)

3 Un test est effectué pour sensibiliser les jeunes à la cyberdépendance. C'est l'association Le Cap qui lance cette opé-
   ration, à laquelle 6000 lycéens participent en éteignant leurs télés, consoles, ordinateurs et portables pendant deux
   jours. Son but est de faire comprendre aux jeunes que leur santé court un risque. Les jeunes sont en effet de plus
   en plus dépendants des écrans, mais malheureusement ce problème est encore sous-estimé. Ce sont avant tout les
   ados qui sont concernés par ce problème, en particulier ceux qui ressentent le besoin de fuir le monde réel, parfois
   difficile à supporter. Le monde virtuel, lui, est plus agréable. Trois jeunes interrogés se disent prêts à éteindre leurs
   écrans pendant deux jours. Certains ont même déjà limité leur consommation. Ils pourront ainsi mieux profiter des
   belles choses du monde réel. (135 mots)

3 Accro ? 👄

Et vous ? Pensez-vous être accro à quelque chose ?
Aidez-vous des mots et expressions ci-dessous pour répondre.

être accro à – être dépendant de – faire une consommation mesurée / excessive de… – beaucoup / trop utiliser…
(ne pas) pouvoir se passer de… – (ne pas) pouvoir vivre sans… – être en manque

4 Accro à Facebook ? F<>D

→ Stratégie 21, p. 237

Un internaute français qui ne parle pas allemand
a laissé un message sur un forum.
Comme il s'intéresse à la dépendance virtuelle,
il aurait besoin que quelqu'un lui dise de quoi il s'agit
dans le texte ci-dessous dont le titre a éveillé sa curiosité.

a Dites-lui d'abord en une phrase de quoi il s'agit
dans ce texte.

b Soulignez les mots-clés du texte.

c Rédigez votre réponse à cet internaute.

Digitaler Suizid – Das Leben nach Facebook

Am Anfang war das Internet. Und dann kamen myspace, StudiVZ, Second Life und wie sie alle heißen. In kürzester Zeit sind im Web virtuelle Realitäten entstanden, neue Lebensformen und neue Identitäten. All diese Plattformen haben mich kaltgelassen. Dann kam Facebook. Zuerst nicht mehr als ein leises Gerücht aus den Untiefen des Webs. Und dann gings so richtig los. Urplötzlich war jeder dabei, drin und fleißig am Freunde sammeln. So habe auch ich meinen Account eröffnet und die Plattform nach allen möglichen Bekanntschaften durchforstet. Mit einer ungekannten Kreativität erinnerte ich mich meiner Kindergartenbekannschaften, alten Schulfreunden. Schnell stieg die Zahl meiner virtuellen Freundschaften in die Höhe. Flüchtige Bekanntschaften, die ich heute nie und nimmer auf der Straße erkennen würde, fügten sich in mein elektronisches Freundschaftsbüchlein ein und hinterließen liebenswürdige Spuren auf meiner Pinnwand.

Ich klicke mich durch die Profile meiner Freunde und der Freundesfreunde. Schnell drifte ich ab in die tiefe Welt des Social Networkings. Mit der Zeit werden das Ausspionieren und die moderne Form des Voyeurismus aber langweilig. Zu wenig Realität steckt hinter den virtuellen Ichs. Auf den Fotos sieht jeder aus wie ein Starlet. Jeder Benutzer versucht sich hervorzuheben: „Schaut her, ich bin anders". So viel Individualität ist langweilig.

Der erste Rausch war vorbei. Als ich mir dann in einem lichten Moment vorgerechnet habe, wie viel Zeit ich vor meinem Facebookaccount verbringe, wurde mir klar, dass das so nicht weitergehen konnte. Ich war nicht süchtig, doch schwer abhängig. Immer wieder wurden die Profile meiner Freunde nach Aktualisierungen durchforstet. So entschied ich mich zum Ausstieg. Natürlich nicht ohne eine letzte, wehmütige Ankündigung auf meiner Statusleiste „I don't believe in Facebook anymore", damit auch alle meine elektronischen Freunde sehen konnten, dass ich dann nun mal weg bin. Dann zog ich den Stecker und war wirklich weg. Ich war gespannt auf den Aufschrei meiner virtuellen Freunde. Wie wurde ich enttäuscht. Das erwartete Echo und die Kondolenzbekundungen blieben aus. Super Freunde!

Die ersten Stunden nach meinem digitalen Ende durchfloss mich ein warmer Glücksstrom. Ich fühlte mich unbesiegbar, radikal und unabhängig, hatte ich mich doch soeben aus den scheinbar unüberwindbaren Fängen der modernen Sklaverei befreit. Die wahre Individualität! Dann setzte der Entzug ein. Es war eine harte Zeit, vor allem zu Beginn. Doch ich blieb hart und unbeugsam und überlebte die erste Woche ohne Facebook rückfallslos. Die Versuchung blieb zwar stetig und unberechenbar. Mit der Zeit nahmen aber auch die Entzugserscheinungen ab. Mittlerweile lebt es sich richtig gut ohne Facebook. Nicht zuletzt dank all der Ersatzdrogen, die uns beinahe im Tagesrhythmus aus den Wogen des Web erreichen. Ich bin jetzt auf Twitter.

5 Accro aux jeux vidéo ?

→ Stratégie 10 (écoute sélective), p. 226

Votre correspondant semble être accro aux jeux vidéo :
– Il passe en moyenne 25 heures par semaine devant son ordinateur.
– Il parle tout le temps de son avatar à ses amis au lycée.
– Il se dispute beaucoup avec sa mère mais s'entend bien avec son père.
Sa copine s'inquiète. Elle a entendu dire que l'interview d'un psychologue passerait à la radio pendant son absence.
Elle vous demande de l'écouter et de lui dire si le problème est sérieux, s'il faut aller voir un psychologue

B5 E-den

1 Un monde virtuel qui séduit les jeunes

→ §§ 64, 66 – 68

Rappel : **Les pronoms relatifs**

• Internet est une technologie *qui* a évolué très vite. *qui* ist das Subjekt des Relativsatzes.
que les jeunes connaissent très bien. *que* ist das direkte Objekt des Relativsatzes.
dont on ne peut plus se passer. *dont* ersetzt eine Verbergänzung mit « de ».
C'est un espace virtuel *où* les internautes se retrouvent. *où* vertritt meistens eine Ortsbezeichnung.
d'où on tire de nombreuses informations.
C'est une technologie à *laquelle* les jeunes sont accros. *lequel, laquelle, lesquels, lesquelles* stehen
immer in Verbindung mit Präpositionen.
Achtung bei der Präposition „à“
→ à + lequel = auquel (usw.)

• Les manifestants ont exprimé Das dt. Relativpronomen „was“ wird ausgedrückt durch *ce qui* oder *ce que*.
ce qui les préoccupe. *ce qui* ist Subjekt des Relativsatzes.
*ce qu'*ils attendent de la politique. *ce que* ist direktes Objekt des Relativsatzes.

a Complétez le texte à trous ci-dessous avec le pronom relatif (qui / que / où / préposition + lequel) qui convient.

Mel et Goran, les deux adolescents du roman de M. Ollivier et R. Clarinard, ne peuvent se rencontrer que dans un

monde virtuel, _____il est facile d'aller mais _____il est difficile de quitter. Le nom de ce monde

virtuel : E-den évoque d'ailleurs un endroit idyllique _____doit ressembler au paradis et _____

on doit se sentir merveilleusement bien.

b A vous ! Continuez à décrire l'E-den (voir LE p. 16 – 17) en complétant les phrases ci-dessous.

L'E-den est un endroit
où…
qui…
que…
d'où…
dans lequel…

c Complétez maintenant le texte suivant décrivant le monde virtuel de l'E-den avec le pronom relatif ce qui ou ce que.

Quand les frontières entre la réalité et la virtualité deviennent floues, on ne sait plus _____est vrai et _____

est faux. _____ nous voyons, _____nous sentons est-il virtuel ? Et _____nous ressentons ? On ne sait

plus vraiment si _____ s'est passé a réellement eu lieu ou si ce n'était que le fruit de notre imagination.

d A vous ! Continuez les débuts de phrases ci-dessous avec vos propres idées.

Ce qui me plaît / ne me plaît pas dans un monde virtuel, c'est…
Ce que je trouve agréable / intéressant / dangereux / choquant…, c'est…

2 Choisir sa vie

→ Stratégie 17, p. 233

Le sujet : « Pourquoi on ne choisirait pas la vie qu'on veut mener ? » (M. Ollivier, R. Clarinard, E-den – voir Commentaire LE p.17)

a Dans votre vie, à quel(s) domaine(s) pourrait s'appliquer cette question ? Pensez à des exemples tirés de la vie scolaire et professionnelle mais aussi privée.

b Vous sentez-vous libre ? Y a-t-il des facteurs (familiaux, sociaux…) qui réduisent vos choix ?

c En vous appuyant sur vos réponses aux questions a) et b), choisissez la thèse que vous allez défendre et formulez-la.

B6 Elle

1 Génération négative ?

→ §§ 40 – 45

Rappel : **La négation**

Je danse.	Je **ne** danse **pas**.	Je vois quelque chose.	Je **ne** vois **rien**.
Je danse encore.	Je **ne** danse **plus**.	Je vois quelqu'un.	Je **ne** vois **personne**.
Je danse toujours.	Je **ne** danse **jamais**.	Tout le monde le sait.	**Personne ne** le sait.
Il danse aussi.	Il **ne** danse **pas non plus**.	Je parle italien et grec.	Je **ne** parle **ni** italien, **ni** grec.
Ils sont partout.	Ils **ne** sont **nulle part**.	Sa femme et lui sont venus.	**Ni** sa femme **ni** lui **ne** sont venus.

Stellung der Negationsadverbien

a Je *ne* te les donne *pas*.　　　　Die beiden Teile der Negation schließen Verb und Objektpronomen ein.
b Tu *ne* me les as *pas* donnés.　　Bei zusammengesetzten Zeiten schließen die beiden Teile das Hilfsverb
　　Ne pouvant *pas* venir, il s'est excusé.　und die Objektpronomen ein. Dies gilt auch für Partizip und Gerund.
c Il prétend *ne pas* être sorti ce soir.　　Bei einem Infinitiv stehen beide Teile der Negation vor dem Infinitiv.

---

a Relisez le texte de Lucie Septe à la page 18 de votre livre. Transformez les phrases suivantes en phrases négatives.

　1 Heureusement, il y a quelqu'un pour lui dire qu'elle est jolie.

　　_____

　2 Elle sait ce qu'elle veut. _____

　3 Elle manque parfois un cours. _____

　4 Elle a des tas de choses à faire. _____

　5 Elle a toujours dû se battre dans la vie pour s'en sortir.

　　_____

b Formez 5 phrases négatives qui décrivent l'état d'esprit de la jeune fille.

c Certaines négations dans le texte B6 sont caractéristiques du langage familier. Relevez-en quelques exemples.

2 « Elle », qui est-elle ?

→ Stratégie 6, p. 223

a Quels passages du texte montrent que la jeune fille est

　– coquette :　　　　　　　　　　　　– consciente de sa situation privilégiée :
　– soignée :　　　　　　　　　　　　　– dure avec les autres :
　– intelligente :　　　　　　　　　　　– malheureuse :

b Choisissez dans la liste de mots à la page 223 de votre livre des adjectifs qui la caractérisent.

3 Les différents appareils numériques 👁 👄

a   Relevez dans les textes B3, B4, B5 et B6 (LE p. 14 – 18) les nouvelles technologies mentionnées et précisez
    comment les jeunes utilisent ces appareils numériques.

    _____

    _____

    _____

    _____

b   Et vous ? Parmi ces appareils numériques, lesquels utilisez-vous ? Que faites-vous avec ?

B7 Une pente dangereuse

L'alcool comme symptôme   → Stratégie 1 (lecture détaillée), p. 218

Après avoir relevé les raisons pour lesquelles « on » se met à boire (voir Lecture, LE p.19), faites le portrait
de cette génération de jeunes, telle qu'elle est présentée à travers ces témoignages : quels sont ses problèmes,
que recherche-t-elle ?

    _____

    _____

    _____

    _____

C1 Premier amour

Premier amour en photo   → Stratégie 8, p. 224

Regardez l'image à la page 20 de votre livre et répondez aux questions.

a   Le type d'image : De quel genre de photo s'agit-il ? Quelle atmosphère ce genre de photo crée-t-il ?

b   Le cadre : Où et quand la scène a-t-elle lieu ?

c   La composition : Qu'est-ce qui attire le regard ?
    Décrivez la composition de cette photo en utilisant les expressions ci-dessous.

    au premier plan – à l'arrière-plan – à gauche – à droite

d   Les personnages : Qui sont-ils ? Quel âge ont-ils à votre avis ?

    _____

    Comment sont-ils habillés ?

    _____

    Que font-ils ?

    _____

C2 Amitié, toujours !

Les copains d'abord

→ Stratégie 15, p. 231

Le sujet (voir Discussion LE p. 21) :
« Une bande de copains est un peu comme une autre famille… mais que l'on choisit, cette fois. » (Marie Révillon)

a L'auteur du texte C2 compare une bande d'amis à une famille.
Quels sont les points communs ? Quelle(s) différence(s) y a-t-il entre eux ?

b Voilà les arguments de deux personnes qui s'entretiennent sur le sujet. Les répliques ont été mélangées.
Retrouvez pour chaque argument le contre-argument qui lui fait suite dans la discussion.

1 – Oui, mais si ce sont tes vrais amis, ils attendent quand même certaines choses de toi et n'accepteront pas que tu changes de bande d'amis trop souvent !

2 – Je suis obligé(e) de supporter ma famille, je ne peux pas l'échanger contre une autre. Vis-à-vis de mes amis, je n'ai pas ces obligations.

3 – Sur tes meilleurs amis, peut-être, mais comme ils ne sont pas obligés de t'aider comme le sont tes parents, ils peuvent aussi te laisser tomber ou ne pas être en mesure de t'aider (par ex. si tu as des problèmes d'argent).

4 – Finalement, ça se fait souvent plutôt naturellement, sans qu'on choisisse vraiment. Et puis le choix se limite à ceux et celles qui vont au même lycée, qui ont les mêmes loisirs, qui viennent souvent du même milieu que toi.

5 – Je choisis ceux / celles qui ont le même caractère, les mêmes intérêts que moi, ceux / celles avec qui je peux rire et à qui je peux me confier.

6 – Je peux compter sur eux autant que sur ma famille.

c Choisissez votre position puis complétez les arguments ci-dessus avec les vôtres.

C3 La famille, valeur sûre

1 Les valeurs des jeunes

→ Stratégie 7, p. 223

a Lisez les statistiques à la page 22 de votre livre. Ecrivez les fractions en toutes lettres.

Un peu plus de (1/2) _____ des personnes interrogées sur ce qui compte le plus pour elles ont répondu

la famille. Pour plus d' (1/3) _____ , trouver un métier intéressant et avoir des amis sont importants.

_____ des jeunes mentionnent l'amour, ce qui peut paraître étonnant.

b Continuez à décrire les résultats de la même manière.

 ### 2 Planète jeunes

Un journal français organise une enquête sur les jeunes en France et ailleurs, par ex. en Allemagne.
La rédaction du journal aimerait savoir si votre vie ressemble à celle des jeunes Français, si vous avez
les mêmes occupations et préoccupations.
Rédigez une lettre dans laquelle vous faites part de vos impressions sur le style de vie des jeunes
en France et de vos propres expériences. (250 mots environ)

C4 Tout le bonheur du monde

Les bons vœux de Sinsemilia
→ § 39

> **Rappel : Le subjonctif**
>
> • Bildung: Der Subjonctif présent wird in der Regel von der 3. Person Plural des Präsens abgeleitet.
> *Exemple:* réussir → ils réussissent →
>
> | que je | | -e | que nous | | -ions |
> |---|---|---|---|---|---|
> | que tu | réussiss- | -es | que vous | réussiss- | -iez |
> | qu'il/elle | | -e | qu'ils/elles | | -ent |
>
> • Gebrauch: Der Subjonctif wird hauptsächlich gebraucht nach:
> – Verben und Ausdrücken der Forderung und der Notwendigkeit (ex.: il faut que, je veux que…)
> – Verben und Ausdrücken der Wertung und der Gefühle (ex.: elle est heureuse que…, il trouve bien que…)
> – Verben und Wendungen, die einen Wunsch, eine Bitte oder einen Vorschlag ausdrücken
>   (ex.: il voudrait que…, j'aimerais que…)
> – nach Konjunktionen (avant que, bien que, pour que, sans que…)

a Relevez les verbes au subjonctif dans la chanson de Sinsemilia.

b Expliquez l'emploi du subjonctif dans la chanson en vous reportant aux différents emplois présentés ci-dessus.

c Complétez le texte à trous.

– Votre ami français fête ses 18 ans aujourd'hui, que lui souhaitez-vous ?

Je souhaite que tu (avoir) _____ ton bac, que tu (être) _____ heureux dans ta vie d'adulte, que tu (pouvoir)

_____ faire les études de ton choix, que tu (profiter) _____ de la vie.

– Vos parents fêtent leurs 20 ans de mariage, vous préparez le texte d'une petite chanson pour cette occasion :

Je souhaite que vous…

Planète jeunes – Vocabulaire

La liste suivante vous propose un choix de mots qui sont tirés des textes du module et qu'il serait bon de connaître.

Relevez tous les mots qui ressemblent à des mots d'une autre langue.

A1 **les us** *m.* **et coutumes** *f.* Sitten
und Gebräuche
débordé,e überschwemmt
une aspiration Einatmung; Streben
A2 **supposer** vermuten
indispensable unentbehrlich
transmettre weitergeben
la singularité Eigenart
contradictoire widersprüchlich
accueillir empfangen
A3 **prometteur, -euse** vielversprechend
éprouver empfinden
insensé,e unsinnig
un survêtement Trainingsanzug
la paume Handfläche
B3 **être en manque** Entzugserscheinungen haben
le bol *fam.* Glück
la prévention Vorbeugung
la délinquance Kleinkriminalität
B4 **un écran** Bildschirm

capable fähig
un pari Wette
alerter warnen
la toxicomanie Drogensucht
estimer (wert)schätzen
s'enfuir flüchten
net,te klar
éteindre ausschalten
accro à *fam.* süchtig
B5 **muet,te** stumm
un souffle Hauch
ivre betrunken
un repère Anhaltspunkt
étouffé,e erstickt
la tendresse Zärtlichkeit
B6 **les ingrédients** *m.* Zutaten
avaler schlucken
le réconfort Trost
le décès Todesfall
B7 **la pente** Abhang
un excès Übermaß

abuser de qc übertreiben,
missbrauchen
contribuer à beitragen zu
draguer *fam.* anbaggern
s'éclater *fam.* Spaß haben
s'affirmer sich behaupten
C1 **le mépris** Verachtung
C2 **la maternelle** Vorschule
un noyau Kern
un pote Kumpel
une contrainte Zwang
C3 **demeurer** bleiben
être attaché,e à qc an etw.
hängen
fonder gründen
la fragilité Zerbrechlichkeit
C4 **éclaircir** aufhellen; klären
l'ombre *f.* Schatten
le destin Schicksal
l'insouciance *f.* Unbekümmert-
heit

2

Enigme

Retrouvez les noms de ces monuments.

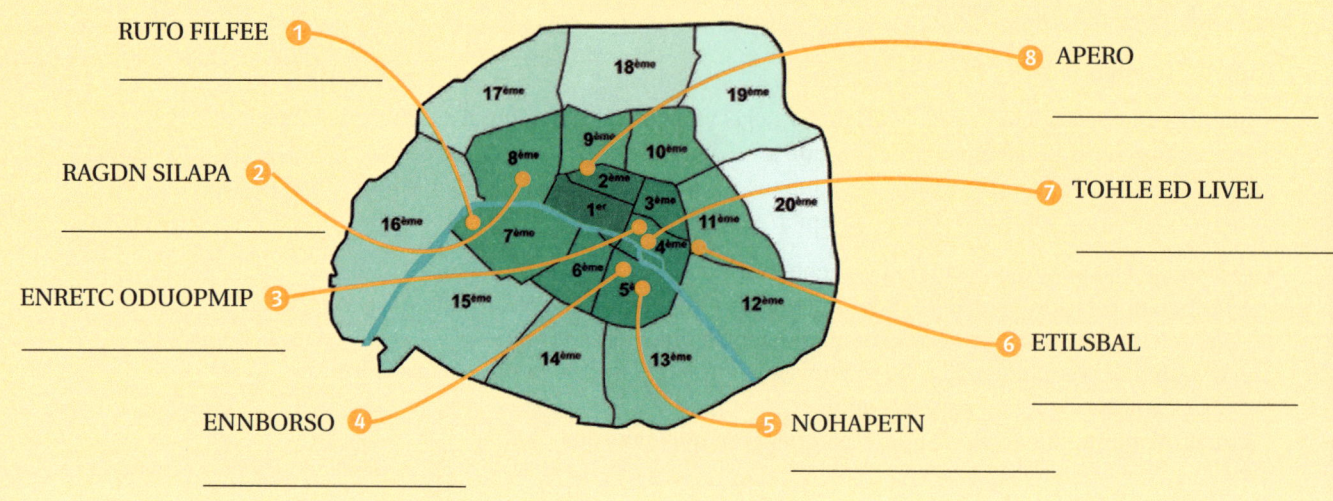

RUTO FILFEE ①

_____

RAGDN SILAPA ②

_____

ENRETC ODUOPMIP ③

_____

ENNBORSO ④

_____

⑧ APERO

_____

⑦ TOHLE ED LIVEL

_____

⑥ ETILSBAL

_____

⑤ NOHAPETN

_____

A1 Une métropole, mille visages

1 Quelle photo ? Celle de droite ou celle de gauche ?

→ §§ 9, 62

Rappel : **Les adjectifs démonstratifs**		**Les pronoms démonstratifs**	
ce quartier		ce / ceci / cela / ça	
cet adulte, cet hôtel			
cette photo		celui	-ci / -là
ces musiciens		celle	de / des… avec… sur…
ces rues		ceux	qui…
		celles	que…
			où…
			dont…

a Complétez avec un pronom démonstratif et le complément (préposition, pronom relatif) qui convient.

– Quelles photos avez-vous choisies ?

– Moi, j'ai choisi _____ représente les grands magasins et _____ on peut voir la butte Montmartre.

– C'est vrai ? _____ l'île de la Cité et _____ Belleville me plaisent mieux.

– Les photos de vieux bâtiments, c'est sympa mais je préfère _____ montrent un quartier animé.

– Les bâtiments en disent beaucoup, surtout _____ témoignent de l'histoire de la ville…

– C'est vrai, mais je préfère quand même les quartiers où il y a de la vie, _____ les touristes visitent ou _____ on trouve des commerces, des cafés…

– Tiens, je ne savais pas que le Marais avait été habité par les aristocrates au XVIIᵉ siècle.

– Oui, mais au XVIIIᵉ siècle, ils ont tous dû partir, même _____ avaient leurs hôtels au Marais.

– La plupart de ces photos représentent le Paris des touristes, mais où est _____ Parisiens ?

b Choisissez une photo (LE p. 26 – 27) et décrivez-la à votre voisin sans mentionner de laquelle il s'agit. Employez un maximum de pronoms démonstratifs.

2 Décrire une photo

→ Stratégie 8, p. 224

La composition : Décrivez la composition de la photo ci-dessous en vous aidant des expressions et des verbes qui vous sont donnés.

à l'arrière-plan

en haut de l'image

au milieu

on peut observer
voir
on distingue
on reconnaît
on aperçoit
on remarque

devant /
au premier plan

A2 Paris, ville-décor ?

Le Paris touristique

→ § 20   → Stratégie 7, p. 223

> Rappel : **Le comparatif**
>
> Elle est aussi sportive que sa sœur.   Elle court aussi vite que lui.   Il a autant de CD que son frère.
> Elle est plus sportive que sa mère.   Elle court plus vite que sa sœur.   Il a plus de CD que son cousin.
> Elle est moins sportive que son père.   Elle court moins vite que son père. Il a moins de CD qu'elle.
>
> **Le superlatif**
>
> C'est la fille la plus sportive (de la classe).   C'est elle qui court le plus vite.   C'est lui qui a le moins de CD.
>
> Merke: adj. : bon, bonne – meilleur,e – le meilleur, la meilleure, les meilleur(e)s
>   mauvais,e – pire – le pire, la pire, les pires
>   adv. : beaucoup – plus – le plus → peu – moins – le moins
>   bien – mieux / moins bien – le mieux / le moins bien

Regardez les statistiques à la page 28 de votre livre. Complétez.

1 Disneyland / le site / visité : Disneyland est le site _____ de Paris.

2 le musée de l'Armée / le site / visité : Le musée de l'Armée est _____ .

3 visiteurs / le musée du Louvre – la tour Eiffel : Au musée du Louvre, il y a _____ .

4 le château de Versailles – la cité des Sciences / être visité : Le château de Versailles est _____

_____ .

5 le musée d'Orsay – le musée du Louvre / être connu : _____ .

6 la tour Eiffel / le monument / connu / de Paris – Disneyland / le site touristique / attirer / touristes

Même si la tour Eiffel _____ ,

Disneyland _____ .

B1 La révolution Haussmann

Tu y vas ou tu en viens ?

→ § 57

Rappel : **Les pronoms adverbiaux** *y* et *en*

On va **à la piscine** ?	Oui, on **y** va.	Tu viens **du supermarché** ?	Oui, j'**en** viens.
Hier, j'étais **dans le Marais**.	J'**y** ai vu Julie.		
Tu es déjà allée **en Allemagne** ?	Oui, j'**y** suis allée deux fois.	Tu te souviens **de tes rêves** ?	Oui, je m'**en** souviens bien.
Tu as répondu **à son e-mail** ?	Non, je n'**y** ai pas encore répondu.	Tu veux **du chocolat** ?	Oui, j'**en** veux bien.
		J'ai beaucoup **de cousins**.	J'**en** ai 20.
Tu t'es habituée **à te lever plus tôt** ?	Non, je ne m'**y** habituerai jamais.	Je voudrais **deux tartes au citron**.	Désolée, je n'**en** ai plus.

(boxes: **y** and **en**)

a   Lisez le texte à la page 28 de votre livre. Relisez les phrases aux lignes 3–4 (« Napoléon III décide… ») et aux lignes 8–10 (« En quinze ans… »). Indiquez quel mot le pronom adverbial « en » remplace dans chaque phrase.

Relisez la phrase aux lignes 8–10 et expliquez pourquoi, dans ce cas en particulier, il est important de reconnaître à quel mot se rapporte le pronom « en ».

b   Réécrivez les phrases ci-dessous en remplaçant les mots / groupes de mots soulignés par le pronom adverbial qui convient.

Les rues étaient très étroites <u>à Paris</u> au début du XIXᵉ siècle. _____

<u>Dans ce quartier</u>, tout a été démoli. _____

J'ai déjà une vingtaine <u>de photos du vieux Paris</u>. _____

B2 L'axe historique

Une géographie symbolique 👁 👂 → Stratégie 13, p. 228

a   En vous aidant de la stratégie 13, indiquez les positions et perspectives utilisées sur ces photos.

b Précisez maintenant quels monuments parisiens sont représentés sur ces photos.
Aidez-vous pour cela de la vidéo B2 ou effectuez une recherche sur Internet.

Lesquels doit-on à François Mitterrand ?

_____

_____

_____

c Indiquez maintenant sur le schéma
ci-contre l'emplacement de ces
4 monuments / lieux historiques.

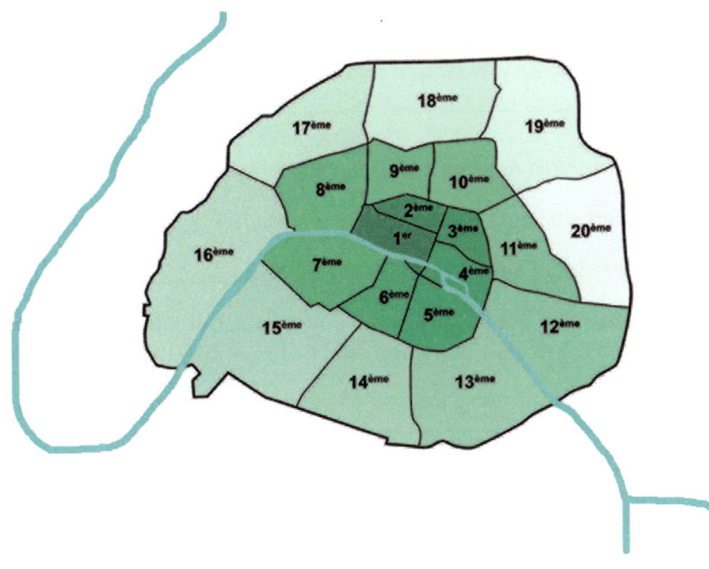

B3 A bas les horreurs ! (1)

1 Une lettre aux artistes du XIXᵉ 🖉

→ Stratégie 19, p. 235

a Pour rédiger votre lettre aux artistes du XIXᵉ (voir Ecriture LE p. 31) commencez par réfléchir à 3 arguments
que vous pourriez utiliser pour défendre la construction de la tour Eiffel.

1 _____

2 _____

3 _____

b Complétez maintenant l'ébauche de lettre ci-dessous.

_____ ,

C'est en réaction à la lettre ouverte que vous _____

que je vous écris. Votre avis sur la construction de la tour Eiffel m'a beaucoup intéressé(e). Cependant je dois

reconnaître que votre position m'a _____ (*exprimer vos impressions / réactions*).

La tour Eiffel n'est pas le « déshonneur de Paris » comme vous l'écrivez.

Pour commencer, _____ (*arg. 1*).

Ensuite, _____ (*arg. 2*).

Pour finir, _____ (*arg. 3*).

Donc, _____ (*conclure l'argumentation*).

_____ (*finir par une formule de politesse*).

_____

2 Paris s'enlaidit... F<>D

→ Stratégie 21, p. 237

Relisez la question de médiation et le texte B3 à la page 31 de votre livre.

a Beantworten Sie folgende Fragen auf Deutsch.

Wann wurde dieser offene Brief verfasst? _____

Wer sind die Autoren dieses Briefes? _____

Den Autoren nach ist der Rest der Bevölkerung ☐ mit ihnen einverstanden. ☐ mit ihnen nicht einverstanden.

b Warum haben sie sich dafür entschieden, diesen Brief zu schreiben?

_____

c Wie drücken sich die Autoren aus? Beantworten Sie dazu folgende Fragen:

1 Sie berufen sich auf bestimmte Werte, welche? _____

2 Charakterisieren Sie den Ton ihres Briefes. _____

3 Schreiben Sie in der linken Spalte einen Satz, der Paris schildert, wie es die Autoren sehen, und in der rechten Spalte drei Sätze über die Vorwürfe, die diese Autoren dem Eiffelturm machen.

Paris	Der Eiffelturm
– _____	– _____
_____	– _____
_____	– _____

d Schreiben Sie nun Ihren Text, indem Sie dieser Struktur folgen: 1 Wann? 2 Wer? 3 Warum? 4 Wie?

B4 A bas les horreurs ! (2)

🎧 Le mot exact 👂

→ Stratégie 10, p. 226

L'écoute sélective : Ecoutez le texte audio et retrouvez l'expression prononcée.

1 La polémique dont il est question concerne
   ☐ les cours des Halles
   ☐ les coûts des Halles
   ☐ le trou des Halles

2 La querelle (la dispute) oppose ☐ l'antiquité et la modernité ☐ les anciens et les modernes

3 L'architecte a-t-il eu une idée ☐ ingénue ☐ saugrenue ☐ sauvage ?

4 ☐ On peut déjà jurer que cette pyramide sera détestable à cause des façades des autres bâtiments.

   ☐ Cette pyramide jure détestablement avec les façades des autres bâtiments.

5 L'iceberg ☐ s'écroule devant   les rois de France.
   ☐ a échoué chez
   ☐ change tout chez

B5 La tour Phare

Une image virtuelle

→ Stratégie 8, p. 224

a Qu'est-ce qu'un phare ? Utilisez, si besoin, un dictionnaire unilingue pour répondre.

_____

b Le type d'image et le contenu : Regardez l'image à la page 32 de votre livre. Qu'est-ce qu'elle représente ?
A quoi reconnaît-on qu'elle est virtuelle ?

_____

c Le cadre : Décrivez le cadre (lieu et temps) en quelques mots.

_____

_____

d A l'aide du schéma ci-dessous, décrivez la composition de cette image.

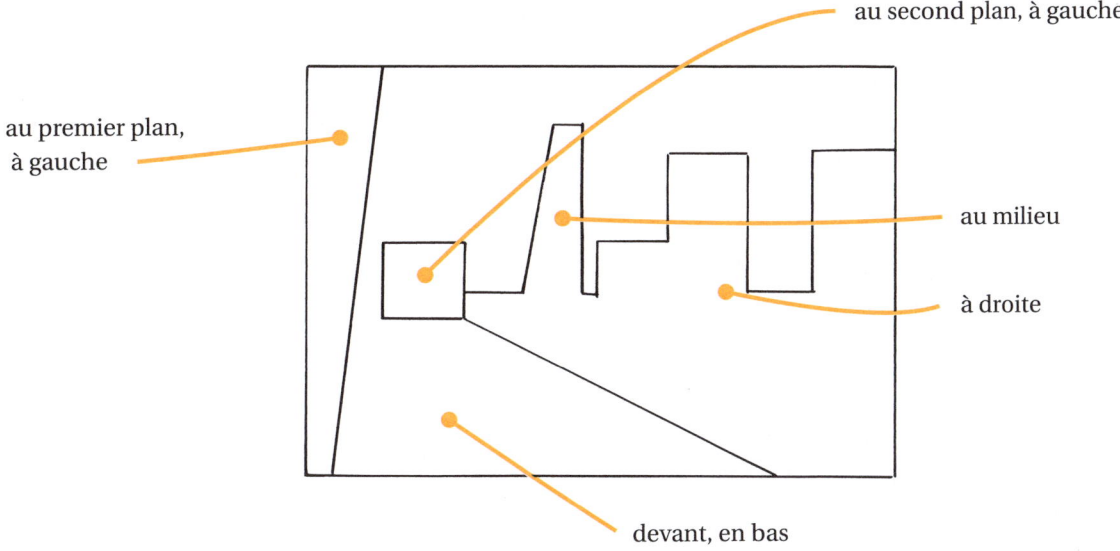

e Trouvez-vous la tour Phare réussie ?

C1 Pariscope

Paris en poésie

→ Stratégie 12, p. 227

Relevez dans le poème « Pariscope » (LE p. 33) des exemples des figures stylistiques suivantes et reportez-les
dans la grille ci-dessous. Réfléchissez à l'effet que ces figures de style exercent sur le lecteur.

Figure de style	Exemple	Effet
énumération		
personnification		
hyperbole		
métaphore		

C2 Dans le métro

1 Bienvenue dans le métro 👁 ✏

→ Stratégie 3, p.220

a Le choix des adjectifs : Lisez le texte C2 à la page 34 de votre livre en vous concentrant sur les adjectifs employés. Reportez ces adjectifs dans le tableau ci-dessous.

Le métro	Les passagers
Adjectifs se rapportant aux sens :	– Aspect extérieur (vêtements etc.) :
– l'odeur : _____	_____
– la vue : _____	_____
– l'ouïe : _____	– Etat d'esprit :
– le toucher / le mouvement : _____	_____

b La construction des phrases : Relisez le texte puis complétez le tableau ci-dessous.

	La plupart des phrases sont-elles longues ou courtes ?	La plupart des phrases contiennent-elles un verbe ou non ?	Y a-t-il des énumérations ?
§ 1			
§ 2			
§ 3			
§ 4			

Après avoir rempli le tableau, essayez d'interpréter vos résultats : quel effet est ainsi créé ?

c Le style imagé : Examinez les moyens stylistiques utilisés pour donner l'impression que le métro est un animal monstrueux.

d La langue et le style : Pour conclure, caractérisez la langue et le style de ce texte.

e La rédaction de l'analyse : En vous appuyant sur vos réponses aux questions a), b), c) et d), rédigez maintenant une analyse de ce texte.

2 Dans le métro, on se tient chaud

→ §§ 25, 28

Complétez les phrases par les verbes pronominaux indiqués au temps qui convient.

– En général, les passagers du métro _____ (se bousculer), _____ (ne pas se parler) et, surtout, _____ (ne pas se regarder). Cela peut même être dangereux de regarder quelqu'un : Tu _____ (se souvenir), dans le film « Paris, je t'aime », un touriste américain oublie cette règle importante, son regard _____ (se porter) sur une jeune fille sur le quai en face et, finalement, il _____ (se faire taper dessus) par son copain.

– Oui, c'est vrai, je _____ (bien se rappeler) cette scène ! Parfois, quand même, les gens _____ (s'entraider un peu). Hier, une femme enceinte, qui _____ (se déplacer) avec difficulté, cherchait une place assise. Une jeune femme _____ (se lever aussitôt). Les deux femmes _____ (se sourire), puis _____ _____ (se mettre à discuter).

C3 Se loger à Paris : galère !

1 Un peu de vocabulaire utile

a Repérez tout d'abord dans le texte C3 à la page 35 de votre livre tous les mots qui se rapportent à la recherche d'un logement.

b Puis complétez les questions ci-dessous avec le mot du texte qui correspond.

Alors, cette visite d'appartement ? L'immeuble était-il neuf et beau ? Non, bien au contraire, il était _____ .

Est-ce que tu es intéressé par l'achat de cet appartement ? Non, par _____ .

L'appart que tu as vu convient-il comme résidence principale ? Non, plutôt comme _____ .

Est-ce qu'il y a une baignoire ? Non, _____ .

Les toilettes sont-elles dans l'appart au moins ? Non, malheureusement, elles se trouvent _____ .

Le deuxième appart était-il minuscule comme le premier ? Non, comparé au premier, il était même _____ .

c A quels mots du texte correspondent les définitions suivantes :

– bureau qui, à des fins commerciales, propose des logements à louer ou à vendre : _____

– étendue, superficie : _____   – alternative aux escaliers quand on est fatigué : _____

– par ex. une chambre, un salon, une cuisine… : _____

2 On m'a dit que les logements à Paris étaient très chers   → §§ 80 – 83

Rappel : **Le discours indirect**

Céline dit : « Je vais au ciné. » → Céline dit qu'elle va au ciné.
Elle demande à Marie : « Tu vas au ciné ? » → Elle demande à Marie si elle va au ciné.
Elle lui dit : « Va au ciné ! » → Elle lui dit d'aller au ciné.

– Steht das redeeinleitende Verb im Präsens, so steht das Verb im Nebensatz in derselben Zeit wie in der direkten Rede.
– Steht das redeeinleitende Verb im Imparfait oder Passé composé, so steht im Nebensatz entweder das Imparfait (bei Gleichzeitigkeit), das Plus-que-parfait (bei Vorzeitigkeit) oder das Conditionnel (bei Nachzeitigkeit).

Céline a dit : « Je vais au ciné. » → Céline a dit qu'elle allait au ciné.
Elle a demandé à Marie : « Est-ce que tu es allée au ciné ? » → Elle a demandé à Marie si elle était allée au ciné.
Elle lui a dit : « J'irai au ciné demain. » → Elle lui a dit qu'elle irait au ciné le lendemain.

a Relisez le texte C3 aux lignes 25 – 29. Rédigez la conversation entre l'ami de l'auteur et le propriétaire de l'appartement en transformant les passages du texte au discours indirect au discours direct.

(l. 25 – 26) Le propriétaire : Très bien, vous pouvez avoir l'appartement mais il faut tout d'abord que vous me

donniez _____

(l. 26 – 28) Le pote : Pardon ?!!!… Bon, je _____

_____

(l. 28 – 29) Le propriétaire : Non, non, _____

b Imaginez la suite du dialogue (au style direct). Pensez à utiliser le vocabulaire de la stratégie 14.

3 Deux annonces de logement

→ §§ 80 – 83   → Le discours indirect, p. 23

Vous allez faire un stage à Paris dans le 18e arrondissement du 15. 05 au 30. 09. Vous recherchez un petit appartement pour la durée de ce stage. Voici deux annonces d'appartements à louer datées du 15. 04.

> 1 Studio, 18 m² env., proche Quartier latin, commerces et métro à proximité, 3e étage, pièce principale avec coin cuisine équipée, WC – douche séparés, chauffage électrique, 750 € charges comprises, frais d'agence : 1000 €, libre à partir de mai
>
> 2 Studio, 21 m², 5 min. à pied de la station Belleville, RDC, meublé, pièce de vie rénovée avec coin kitchenette, salle d'eau et WC, chauffage collectif, proximité toutes commodités, 680 € + charges 30 €, frais d'agence : 1200 €, libre de suite

a Choisissez celui qui vous paraît le mieux adapté.

b Lors d'une conversation avec votre ami(e), vous lui décrivez l'appartement qui vous intéresse et lui expliquez votre choix.

c Vous appelez l'agence pour vérifier les informations et obtenir un rendez-vous. Ecrivez et jouez le dialogue.

d Racontez votre conversation téléphonique avec l'agent à votre ami(e). Utilisez le style indirect.

C4 Paris

Paris en chanson

→ Stratégie 12, p. 227

a Renversez l'histoire ! Imaginez un personnage très heureux de venir vivre à Paris. A son arrivée, il / elle voit « la vie en rose ». Ecrivez 2 couplets d'une chanson qui serait opposée à celle de Subway (voir LE p. 36).

Exemple : Paris m'isole → Paris m'accueille…

b Ecoutez la chanson de Subway. Que changeriez-vous à la musique pour que votre chanson communique une certaine joie de vivre ?

C5 Paris-Plages

Paris–Berlin–Plage F<>D

→ Stratégie 21, p. 237

Votre ami parisien, qui ne parle pas allemand et qui n'est jamais venu en Allemagne, a trouvé sur Internet le blog « Paris–Berlin–Plage » tenu par deux jeunes journalistes allemandes, Christiana et Tabea. Christiana vit à Paris, Tabea à Berlin. Toutes les deux parlent des plages installées l'été en plein centre-ville. Comme il est fan de Paris–Plages, votre ami aimerait bien savoir si les activités proposées à Berlin sont comparables à celles de Paris et si on peut remarquer des particularités françaises ou des particularités allemandes.

a Relevez les activités mentionnées par Tabea d'une part et Christiana d'autre part. Recopiez le tableau ci-dessous et reportez-y ces informations en français. Si vous n'en connaissez pas l'équivalent français, paraphrasez-les.

Berlin	Paris
	– *Exemple :* un bar sur l'eau / sur un bateau

Finalement, les deux manifestations sont-elles comparables ?

b Relisez le texte en recherchant les éléments typiquement allemands et typiquement français.

Typiquement allemand	Typiquement français

c Rédigez votre réponse en complétant le début de texte ci-dessous. Pensez à répondre aux 2 questions de votre ami et à justifier vos réponses avec les informations du blog relevées en a) et en b).

Salut …,
tu vois, il n'y a pas qu'à Paris qu'on installe des plages l'été ! En fait, les deux manifestations _____

_____ (sont comparables / ne sont pas comparables). En effet, quand on regarde les activités proposées

à Berlin et à Paris, on constate que…

Berlin im Hochsommer ist die Hölle. Paris auch. Der einzige Ausweg: die künstlichen Strandparadiese in den Metropolen. Ein Blog zwischen Palmen, Wasserspritzanlagen und feinstem Sandstrand.

Berlin – Reclaim the Spree, 1/08/2008
Schwimmen in der Spree? Ist nicht, wer will in diese Dreckbrühe springen? Was aber, wenn ein schickes, hellblau leuchtendes Schwimmbecken im Spreewasser schwimmt? Was vor fünf Jahren als Kunstaktion begann, ist heute zu einem der angesagtesten Stadtstrände Berlins geworden. Das „Badeschiff" platzt aus allen Nähten.

Paris – Erste Eindrücke von Paris Plage*, 2/08/2008
Es ist Sommer und es ist heiß in Paris. Was unternimmt man in Paris also, um dieser Affenhitze zu entfliehen? Natürlich in den Urlaub fahren. Leider hat nicht jeder die Chance, im August in den Urlaub zu fahren. Es bleiben ein paar Leidende, die den Sommer über in Paris bleiben müssen. Und wo gehen wir dann hin? Zu „Paris Plage", was so viel heißt wie der Strand von Paris. Im Sommer dreht sich alles um dieses Event.
Natürlich ist es hier nicht weniger heiß, aber es gibt viele nette Aktivitäten, die übrigens alle kostenlos sind. Und mit einem Erfrischungsgetränk in einer schwimmenden Bar, mit einem kleinen Tanz am Ufer der Seine oder mit einer kleinen Tour im Ruderboot auf dem Becken von la Villette lässt sich die Hitze viel besser aushalten.

Berlin – In Sand gemeißelt, 9/08/08
Der Eintritt knackt die 5-Euro-Marke: Das ist selten für einen Stadtstrand in Berlin. Doch im „Sandsation" gibt's auch was zu sehen: Hier stehen riesige, sechs Meter große Sandskulpturen, die Künstler aus aller Welt gebaut haben.

Paris – Hier gibt's was auf die Ohren, 19/08/08
Strand, Sonne, Meeresrauschen … das gehört für viele zu einem gelungenen Urlaub. Zugegeben, das Meeresrauschen sucht man bei Paris Plage vergebens. Trotz-

dem bekommt man jedoch so einiges auf die Ohren. Ob Konzerte bekannter Acts auf der Festivalbühne oder Straßenmusiker, die um eine kleine Spende bitten, Paris Plage lässt keine Wünsche offen.

Berlin – Rappen im Sand, 20/08/08
Vor dem „Yaam" stehen die Leute Schlange. Normalerweise läuft im „Yaam" Reggae, Ragga oder Jungle – doch am Samstag gab's ausschließlich Hip-Hop auf die Ohren.

Paris – Deutsch-französische Esskulturen, 22/08/2008
Alle zieht es nach draußen. Man hält sich aber nicht nur draußen auf, nein, man entwickelt auch eine echte Freude daran, draußen zu essen. Bei Paris Plage kann man dabei die Unterschiede der Deutschen und Franzosen studieren. Denn jede Nation hat seine eigene Art, das „Draußenessen" zu zelebrieren.
Die Deutschen verpassen keinen Sonnenstrahl, um sich dem Grillen mit großer Hingabe zu widmen, egal ob im eigenen Garten oder im Park.
Bei Franzosen sieht das ganz anders aus. Was den Deutschen das Grillen, ist den Franzosen das Picknick. Picknicker findet man überall: im Park, am Ufer der Seine, auf der Pont des Arts, vor dem Eiffelturm oder bei Paris Plage. Hier wurden sogar richtige Picknickzonen eingerichtet.
Was wird zum Picknick verzehrt? – Natürlich muss es zunächst einen „Apéro" geben – um den Appetit erst mal anzuregen. Franzosen nennen das auch „amuse-gueule" – also ein kleines Mundvergnügen. Dazu zählen Chips und andere Knabbereien, die berühmte getrocknete Salami (saucisson sec) und ein Kir, also ein Cocktail aus Weißwein und Cassis-Likör. Bei einem ordentlichen Picknick kommen dann ein anständiger Taboulé-Salat auf die Picknickdecke, außerdem Tomaten, Camembert und Schinken, nicht zu vergessen natürlich das Baguette. Selbstverständlich trinken die Picknicker dazu jede Menge Rotwein.
Kein Vergleich also zum Grillabend mit Steak und Bier.

➡➡

2

* Le nom officiel de la manifestation est « Paris-Plages »

C6 Paris – banlieue

 1 Des rapports tendus…

Lisez le texte C6 (LE p. 38). Répondez aux questions en cochant la bonne réponse ou en écrivant l'information demandée.

Il est difficile de reconnaître les limites de la ville de Paris.

vrai ☐   faux ☐   la preuve : _____

La présence de nombreux monuments historiques à Paris empêche de construire de nouveaux logements.

vrai ☐   faux ☐   la preuve : _____

Les riches habitent à Paris et les pauvres en banlieue.

vrai ☐   faux ☐   la preuve : _____

Nommez deux raisons pour lesquelles les Parisiens vont en banlieue.

_____

Pourquoi y a-t-il de la concurrence entre Paris et sa banlieue ?

_____

2 Une mairie active ou passive face aux problèmes ?   → §§ 96 – 97

> Rappel: **La voix passive**
>
> – On a transformé l'ancienne usine en centre culturel.   → L'ancienne usine a été transformée en centre culturel.
> – La mairie prend une décision.   → Une décision est prise par la mairie.
> – On construira une nouvelle ligne de métro.   → Une nouvelle ligne de métro sera construite.
>
> Der Zeitwert der Passiv-Konstruktionen steckt im Hilfsverb (être).
> Beachten Sie den *accord* des participe passé!

a   Repérez 5 phrases à la voix passive dans le texte C6. Recopiez-les, soulignez le verbe puis indiquez le temps auquel est conjugué l'auxiliaire « être ». Entourez ensuite le complément d'agent s'il y en a un.

b   Transformez ces 5 phrases à la voix active en faisant attention à respecter les temps.

Comment avez-vous transformé les phrases sans complément d'agent ?

c   Choisissez dans le texte 2 phrases à la voix active et transformez-les à la voix passive.

Peut-on transformer toutes les phrases actives au passif ?

C7 Un charme discret

1 Le charme discret des pronoms

→ §§ 53 – 55, 57 – 58, 61
→ Les pronoms sujets et objets, p. 6 ; les pronoms adverbiaux y / en, p. 8

a Relevez dans le texte C7 à la page 39 de votre livre un pronom sujet, un pronom objet direct, un pronom objet indirect, un pronom réfléchi, un pronom personnel disjoint (unverbundenes Personalpronomen) et un pronom adverbial.

b Réécrivez le texte ci-dessous en remplaçant les répétitions par un pronom. Vous devriez réussir à utiliser 15 pronoms.

J'habite à Paris depuis 10 ans. Je suis venue à Paris pour le travail. Je ne resterai peut-être pas toujours à Paris parce que la vie est quand même bien fatigante ici. C'est vrai que les Parisiens sont toujours pressés. Les Parisiens cherchent toujours à gagner du temps : c'est normal, les Parisiens perdent tellement de temps dans les transports ! Il ne faut pas faire trop de reproches aux Parisiens, leur vie est très stressante. Par contre, c'est vrai que les Parisiens pourraient faire plus attention aux gens autour des Parisiens.
Mais ce qui est super à Paris, c'est l'offre culturelle, qui est irremplaçable ! Les événements culturels sont tellement nombreux et tellement variés ! Bien sûr, il y a aussi des événements culturels dans les grandes villes de province mais dans les grandes villes de province le choix est beaucoup plus limité. Pour moi, les avantages de la capitale sont clairs mais parfois je dois rappeler ces avantages à mes amis. J'essaie de convaincre mes amis de venir me voir pour que mes amis aussi profitent de ces avantages. Ça va prendre du temps mais j'arriverai à les convaincre !

2 Sortir à Paris

→ Stratégie 10 (écoute sélective), p. 226

Vous êtes à Paris pour quelques jours. Vous voulez profiter de votre visite pour préparer un exposé que vous devez faire en cours de français à votre retour. Votre sujet d'exposé doit se rapporter à l'architecture parisienne. Mais vous voudriez bien en profiter aussi pour sortir…
Vous avez du temps entre 12h et 16h puis entre 19h et 22h. Vous ne voulez pas dépenser plus de 15 €.
Votre ami(e) vous conseille d'écouter les bons plans à la radio. Ecoutez le texte audio et décidez de votre programme.

3 Paris, ville de rêve ?

La mairie de Paris prépare une exposition sur l'image de la capitale française chez les jeunes à l'étranger.
Pour cela, elle invite le maximum de jeunes à répondre, sur le forum de son site Internet, à la question :
Paris vous fait-il encore rêver ? Vous décidez d'y participer. Votre texte contiendra 250 mots environ.

Paris – Vocabulaire

La liste suivante vous propose un choix de mots qui sont tirés des textes du module et qu'il serait bon de connaître.

Choisissez cinq mots qui vous semblent difficiles à retenir.

A2 un salarié Angestellter
lié,e à verbunden mit
une vitrine Schaufenster
le patrimoine (Welt-)Erbe
B1 une ruelle Gasse
supprimer abschaffen
subir ertragen
un chantier Baustelle
la voie publique öffentl. Straßen
B3 le goût Geschmack
menacé,e bedroht
faible schwach
C1 la foule Menschenmenge
un embouteillage Stau
la FNAC Multimedia-Kaufhaus
contempler anschauen, bewundern
urbain,e städtisch
C2 une banquette Sitzreihe
une valise Koffer
un panier Korb

une odeur Geruch
un panneau (Hinweis-)Schild
muet,te stumm
la dignité Würde
têtu,e stur
un imperméable Regenmantel
maigre dürr
la plaine Ebene
C3 s'enfuir flüchten
pourri,e verfault; in schlechtem Zustand
une surface Fläche
spacieux, -euse räumlich
un ennui Ärger
l'ennui m. Langeweile
s'évanouir ohnmächtig werden
C4 un malaise Unwohlsein
humide feucht
une peine Qual
la peine capitale Todesstrafe
C5 paresser faulenzen

un parasol Sonnenschirm
une serviette Handtuch
un baladeur Walkman
un bon plan ein (Geheim-)Tipp
se réunir sich versammeln
séduire qn verführen
C6 la densité Dichte
percevoir wahrnehmen
une grande surface Supermarkt
le périphérique die Autobahn um Paris
une migration (Völker-)Wanderung
une tension Spannung
C7 la clarté Klarheit
à peine kaum
le klaxon Hupe
bruyant,e laut
un Parigot fam. Pariser
un artisan Handwerker
un commerce Laden
chaleureux, -euse herzlich

L'Histoire en mots croisés

3 Remplissez la grille de mots croisés à l'aide des définitions ci-contre.

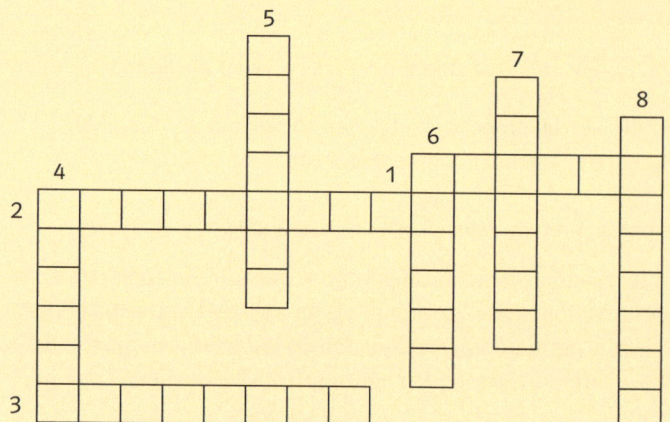

Horizontal :
1 pays où on est né, dont on est citoyen
2 terme dont l'étymologie signifie « chose publique »
3 être contre et ne pas céder

Vertical :
4 exercer un pouvoir monarchique
5 opposition contre une autorité
6 ensemble des personnes soumises aux mêmes lois
7 personne qui a la nationalité d'un pays républicain
8 ce qui est laissé par une personne décédée et
   transmis par succession

A1 Le saviez-vous ?

Questionnaire → §§ 74 – 79

a   Lisez à voix haute la question que se pose le personnage
    sur le dessin ci-contre.

b   Reformulez les questions suivantes en questions avec inversion
    (a-t-il gagné ?) ou en questions « absolues » (Napoléon a-t-il gagné ?).

Qui est-ce que Charles Martel a vaincu en 732 à Poitiers ?

_____

Quand est-ce que Hugues Capet fut sacré roi des Francs ?

_____

Quelles conséquences est-ce que cette bataille a eues ?

_____

Où est-ce que Napoléon meurt en 1821 ?

_____

Est-ce qu'on accordera toujours autant d'importance à Napoléon ?

_____

Est-ce que les Français connaissent leur Histoire ?

_____

En Allemagne, est-ce qu'on s'intéresse à l'Histoire de France ?

_____

c   Relisez le quiz à la page 42 de votre livre. Formulez des questions à partir des phrases affirmatives des points 1 à 6.
    Vous pouvez choisir entre questions avec inversion / questions « absolues » ou avec « est-ce que ».

    Exemple : quiz question 1 → Quelle était la nationalité de Charlemagne ?

A2 L'Etat, c'est moi !

1 Le Roi-Soleil 👁

Lisez le texte A2 (LE p. 43). Répondez aux questions en cochant la bonne réponse ou en écrivant l'information demandée.

Louis XIV est le premier personnage historique que la plupart des personnes interrogées aimeraient rencontrer.

vrai ☐   faux ☐   la preuve : _____

Louis XIV doit attendre d'avoir 22 ans pour être nommé roi.

vrai ☐   faux ☐   la preuve : _____

Comme il aime la compagnie des nobles, Louis XIV leur permet de vivre à Versailles.

vrai ☐   faux ☐   la preuve : _____

En tant que roi absolu, Louis XIV ☐ gouverne seul et n'accepte aucune aide de ses ministres.
☐ exerce le pouvoir seul tout en consultant ses ministres.
☐ demande toujours l'avis du Conseil avant de prendre une décision.

Roi catholique, Louis XIV ☐ se montre tolérant et accorde la liberté de culte aux protestants.
☐ interdit le protestantisme sur le territoire français.

Le Roi-Soleil ☐ est un roi pacifiste et amateur de culture.
☐ est un roi conquérant qui néglige la culture.
☐ est un roi combatif qui encourage la culture sur son territoire.

Nommez 3 activités que Louis XIV fait tous les jours.

_____

_____

2 Veuillez écouter mes conseils !

→ Le discours indirect, p. 23 ; l'impératif, p. 5

a   Relisez le texte A2 aux lignes 7–11. Transformez les impératifs des phrases au style direct au discours indirect comme dans l'exemple. Pour varier votre expression, évitez d'employer le verbe « dire ».

Exemple : Louis XIV recommande à son petit-fils de ne jamais avoir d'attachement pour personne.

_____

_____

_____

b   Faites maintenant l'exercice inverse : mettez les phrases suivantes à l'impératif.

> Le précepteur du jeune roi lui conseille vivement de toujours se lever avant sept heures, d'être toujours bien préparé quand il s'apprête à tenir un conseil, de se tenir bien informé, de faire écrire ses discours par quelqu'un qui sait manipuler la langue et de ne pas faire confiance à tout le monde.

_____

_____

_____

_____

_____

c   A vous ! Donnez des conseils à votre chef d'Etat. Utilisez l'impératif.

A3 Un affreux despotisme

Trois sortes de pouvoirs... 👁

→ Stratégie 3, p. 220

Lisez le texte de Montesquieu à la page 44 de votre livre et répondez aux questions.

a La forme : Pour mettre en évidence la forme de ce texte, retrouvez le rôle que joue chacun de ces extraits dans le texte. Cochez la bonne réponse.

Extraits de Montesquieu	Consta-tation	Argument	Justifi-cation	Conclu-sion
« Il y a dans chaque Etat trois sortes de pouvoirs : la puissance législative, la puissance exécutrice et la puissance de juger. »				
« Lorsque dans la même personne, la puissance législative est réunie à la puissance exécutrice, il n'y a point de liberté… »				
« …parce que l'on peut craindre que le même monarque fasse des lois tyranniques… »				
« Il n'y a point encore de liberté si la puissance de juger n'est pas séparée de la puissance législative et de l'exécutrice. »				
« Chez les Turcs, où ces trois pouvoirs sont réunis sur la tête du sultan, il règne un affreux despotisme »				

b Résumez en une phrase la thèse défendue par Montesquieu.

_____

c La fonction : Finalement, cet extrait de « De l'esprit des lois » a-t-il pour fonction de :

raconter ☐   informer ☐   expliquer ☐   argumenter ☐   influencer ☐

A4 Plus jamais ça !

Le poids de l'Histoire 👁

→ Stratégie 8, p. 224

Regardez bien l'image à la page 44 de votre livre et répondez aux questions suivantes.

a Le type d'image et son contenu : Dites brièvement de quel genre d'image il s'agit et ce qu'elle représente.

b Le cadre de l'action :
Décrivez en quelques mots le lieu représenté sur cette image.
A votre avis, quand l'action se passe-t-elle ? Aidez-vous pour répondre des informations p. 44.

c La composition : Pour décrire la composition de cette image, complétez le texte à trous ci-dessous.

Sur cette image, on distingue trois personnages. Ceux-ci se trouvent _____ du tableau.

Ils sont situés au _____ plan. Deux de ces personnages sont debout. Ils se dressent _____

un rocher qui se trouve lui-même _____ le troisième personnage, couché sur le sol, en

_____ de l'image. A _____ de ces personnages, on aperçoit aussi du matériel agricole.

A _____ plan, sur une colline, on reconnaît une bergère avec ses moutons. Sur ce tableau,

ce qui attire le regard, c'est _____

_____

d Les personnages : Décrivez en détail chacun des trois personnages représentés sur cette image (le personnage 1, en haut à gauche, le personnage 2, en haut à droite et le personnage 3, au milieu). Pensez à décrire avec vos propres mots :

- ses vêtements, éventuellement son chapeau ;
- l'expression de son visage et la direction de son regard ;
- sa position et ses gestes ;
- les éventuels objets en sa possession.

Associez chaque personnage (1, 2 et 3) à la classe sociale qu'il représente :

la noblesse _____   le clergé (= hommes religieux) _____   le tiers état (= les autres : la bourgeoisie, les paysans, le petit peuple) _____

e L'action : Résumez en une phrase l'action représentée sur cette image.

f Interprétez l'image en vous servant de vos réponses de a) à e).

A5 L'ouverture des Etats Généraux

Rock d'opérette ?   → Stratégies 10 + 12, p. 226 + 227

a Avant l'audition. Lisez attentivement le texte à la page 45 de votre livre. De qui est constituée l'Assemblée des Etats Généraux ?

b L'écoute globale : Ecoutez la chanson une 1ère fois. Faites part de vos premières impressions sur la musique et l'interprétation de cette chanson par les différents chanteurs.

c L'écoute sélective : Ecoutez la chanson une 2e fois. Soulignez les mots que vous entendez.

finance – séance – sagesse – devoir – rénovation – révolution – réhabilitation – prières – bonté – volonté – réformes – attardé – tarder – destin – festin – veston – histoire – espoir – désespoir

Ecoutez la chanson une 3e fois et soulignez le mot exact.

(…) par la garde / farce / grâce de Dieu le très haut…
(…) faire confiance à la royauté / loyauté / nouveauté de la noblesse de France.
(…) les ennemis du rien public / lien public / bien public…
(…) nous avons fait le vœu / feu / l'effet sacré en notre cœur…
Députés / bizutés / débutants au nom du Tiers Etat…

d L'écoute détaillée : Lisez le tableau ci-dessous. Ecoutez une dernière fois la chanson. Complétez le tableau puis proposez-en une interprétation.

Strophe	Musique			Qui parle ?	A qui ?	Message	
	Description, évocations	calme	énergique			Fidélité vis-à-vis du roi	Désir de change-ments
1							
2							
3							
4							

e Après l'audition : Connaissez-vous d'autres exemples de chansons / comédies musicales basées sur des événements historiques ?

A6 Enfin le 14 juillet !

1 L'Histoire en BD 👁

→ Stratégie 9, p. 225

a Les planches : Décrivez en quelques mots la mise en page et le style de ces deux planches
tirées de l'album *La Révolution française* (LE p. 46 – 47).

b Les vignettes et le texte :
Décrivez le cadre de l'action (lieu et temps) en précisant quels éléments de la BD vous fournissent ces informations.

_____

Résumez l'action en une phrase. _____

Peut-on reconnaître différents groupes parmi les personnages représentés ? Qu'est-ce qui les différencie ?

Comment l'auteur réussit-il à donner l'impression d'un mouvement populaire bruyant, incontrôlable et effrayant ?

_____

_____

_____

c Pour quel(s) personnage(s) avez-vous le plus de sympathie ? Pourquoi ?

d L'intention de l'auteur : A votre avis, pourquoi l'auteur a-t-il choisi un tel genre pour transporter son message ?

2 Jacques a dit...

→ §§ 80 – 83   → Le discours indirect, p. 23

a Lisez la 1ère bulle de la BD (« Les électeurs… »). Transformez-la au style indirect en complétant la phrase ci-dessous.

Un officier a informé son collègue que _____.

A quel temps avez-vous conjugué le verbe de la subordonnée (Nebensatz) ? Pourquoi ?

Faites de même avec la phrase de la bulle suivante (« 800 bourgeois… »).

L'autre a ajouté que _____.

A quel temps avez-vous conjugué le verbe de la subordonnée ?

b Complétez maintenant le texte ci-dessous en y introduisant les paroles des personnages au style indirect.

(Vignette 1) Le peuple de Paris a crié que _____. Quelqu'un

a répondu que _____. Un autre a ajouté que _____

_____.

(Vignette 2) La foule a crié que _____.

Elle a ordonné _____.

c Continuez à raconter l'action de ces 2 planches de la même manière.

_____

_____

_____

_____

_____

A7 Napoléon et son héritage

1 L'empereur des Français 👁 → Stratégie 1, p. 218

La lecture sélective : Lisez le texte A7 à la page 48 de votre livre.
Indiquez si ces phrases sont vraies ou fausses.
Justifiez votre réponse avec un élément du texte.

1 Napoléon rentre victorieux d'Italie et de Russie.

vrai ☐   faux ☐   la preuve : _____

2 Napoléon est nommé empereur par les révolutionnaires.

vrai ☐   faux ☐   la preuve : _____

3 Napoléon crée une loi devant laquelle tous les citoyens sont égaux

vrai ☐   faux ☐   la preuve : _____

4 Sous Napoléon, les protestants peuvent exercer leur religion comme à l'époque de l'Edit de Nantes.

vrai ☐   faux ☐   la preuve : _____

5 Napoléon garantit les mêmes valeurs fondamentales que la Révolution.

vrai ☐   faux ☐   la preuve : _____

6 Napoléon est le fondateur de la Banque centrale européenne.

vrai ☐   faux ☐   la preuve : _____

7 A l'école napoléonienne, il peut arriver que le prof de maths enseigne aussi le calcul, la physique et la chimie.

vrai ☐   faux ☐   la preuve : _____

8 Tous les lycéens doivent faire une sorte de service militaire.

vrai ☐   faux ☐   la preuve : _____

2 Une figure mythique

a Voici quelques noms qui permettent de parler du « mythe Napoléon » (voir Internet LE p. 48). Retrouvez l'adjectif formé sur la même racine.

Nom	Adjectif	Nom	Adjectif	Nom	Adjectif
héros		génie		conquête	
légende		fascination		gloire	
mythe		exception		courage	
idéalisation		grandeur		habileté	

b Les biographes actuels de Napoléon n'hésitent pas à mentionner aussi les défauts de ce grand homme afin d'en dresser un portrait mitigé. Classez les adjectifs ci-dessous selon le défaut auquel ils se rapportent.

ambitieux – égocentrique – corrompu – hypocrite – orgueilleux – agressif – combatif – cruel – vaniteux

la malhonnêteté : _____

la violence : _____

l'égoïsme : _____

la soif du pouvoir : _____

B1 La patrie en péril

1 Racines latines

Complétez le tableau ci-dessous. Retrouvez-vous des racines communes ?

français	latin ou italien ou espagnol	anglais	allemand
capituler			
		battle	
	enemigo		
	vittoria		
gouvernement			
	honor		
espoir			
		peril	

2 Indicatif ou subjonctif ?

→ § 39   → Le subjonctif, p. 15

a   Relevez les verbes au subjonctif dans le discours de Charles de Gaulle à la page 49 de votre livre.

b   Formez des phrases en utilisant le mode correct (indicatif ou subjonctif).

Exemple : Le Général de Gaulle souhaite que tous les Français reprennent espoir /
Il espère que tous les Français reprendront espoir.

Le Général de Gaulle souhaite que…   …le peuple français (croire en l'avenir).
A son avis, il faudrait que…   …un jour les forces alliées (venir au secours de la France).
Il espère que…   …la France (se préparer à la victoire).
Il croit dur comme fer que…   …le pays (être victorieux).
Il est persuadé que…   …la France (redevenir une nation souveraine).
        …tous les Français (s'unir à lui dans l'action).

3 Question de style 👁

→ Stratégie 3, p. 220

a   Les figures de style : Relisez le discours du général de Gaulle à la p. 49 de votre livre.
Comme beaucoup de discours, celui-ci contient diverses figures de style.
Complétez la grille d'analyse avec la figure de style ou l'exemple manquant et précisez l'effet produit.

Figure de style	Exemple tiré du discours de de Gaulle	Effet
	Ces forces écraseront l'ennemi.	
gradation		
	La France a perdu une bataille ! Mais la France n'a pas perdu la guerre !	
	…dans l'action, dans le sacrifice et dans l'espérance.	
hyperbole		

b   La fonction : Lisez ces extraits du texte du général de Gaulle. Ces éléments sont caractéristiques d'une fonction textuelle, laquelle ?

« …je convie tous les Français à… » – « Luttons ! »

B2 De Gaulle ou la France debout

1 Mots inconnus

→ Stratégie 2, p. 219

Lisez le texte à la page 50 de votre livre. Remplissez le tableau en appliquant la stratégie indiquée pour retrouver le sens du mot et en donnant sa signification.

Mot du texte	Stratégie appropriée	Signification
le fondateur le suffrage universel la réconciliation	*les autres langues* anglais : anglais : anglais :	
rétablir (l'ordre)	*les préfixes*	
désemparé un traité la force de frappe	*le contexte*	
nos aînés	*la traduction*	

2 C'est pas moi, c'est lui qui…

→ § 65

a Quel effet a la mise en relief dans ces extraits tirés du texte p. 50 :

« C'est surtout en 1940 qu'il se fait connaître… » – « C'est grâce à son engagement que la France… »

b Mettez en relief les parties soulignées des phrases suivantes.

<u>De Londres</u>, il appelle alors à la Résistance. _____

<u>Les crises des années 50</u> sont à l'origine de son retour au pouvoir.

_____

Il rend la paix au pays <u>en mettant fin à la guerre d'Algérie</u>.

_____

c Mettez en évidence les mérites du général de Gaulle en complétant les phrases suivantes :

C'est le général de Gaulle qui…   C'est lui qui…

3 De Gaulle, 1ᵉʳ Président de la Vᵉ République

Lisez les questions ci-dessous. Ecoutez le texte audio une 1ᵉʳᵉ fois puis commencez à répondre aux questions. Ecoutez le document audio une 2ᵉ fois et complétez vos réponses.

1 Qu'est-ce qui caractérise la période qui précède la Vᵉ République selon la journaliste ? (2 éléments)
☐ Sous la IVᵉ République, les ministres changent trop souvent.
☐ Les Français hésitent entre soutenir les ministres ou les Algériens.
☐ La position des ministres face aux événements en Algérie est instable.
☐ Les Algériens se battent contre la France pour obtenir l'indépendance.

2 Les Français ☐ votent une nouvelle Constitution par référendum le 28 septembre 1958.
☐ votent une nouvelle Constitution par référendum le 21 décembre 1958.
☐ élisent le général de Gaulle par référendum le 21 décembre 1958.

3 Combien de Présidents et de Présidentes la Vᵉ République a-t-elle connus ? _____

4 La personne invitée, Jean-François Sirinelli, ☐ est un descendant du général de Gaulle.

☐ dirige le Centre d'Histoire de l'Institut de Sciences politiques.

☐ est venu exprès de Pau.

5 Quel était le problème de la fonction présidentielle sous la IVᵉ République selon de Gaulle ?

_____

6 Jean-François Sirinelli souligne l'importance de l'année 1962 parce que

☐ c'est seulement à partir de là que de Gaulle prend ses fonctions.

☐ c'est seulement à partir de là que la situation est assez stable pour appliquer réellement la nouvelle Constitution.

☐ de Gaulle réforme la Constitution de 1958 cette année-là.

7 Quelle est la différence essentielle entre la IVᵉ et la Vᵉ République ?

_____

B3 Les murs ont la parole

Vos revendications personnelles

Créez des slogans en utilisant des antithèses.

Je travaille, tu travailles…, ils _____

Nous voulons la paix, ils _____

Nous sommes l'avenir, ils _____

Rêvez, _____

Continuez.

emprunter ausleihen – **une pancarte** Schild, Spruchband – **un pavé** Pflasterstein

B4 C'est la fête !?

1 Temps du passé

→ §§ 31–35

Rappel : **Les temps du passé**

Das *Passé composé* bezeichnet einmalige Handlungen und Handlungsketten.
Diese Handlungen werden als zeitlich begrenzt angesehen.
Exemple : Hier Guillaume m'a appelée, il m'a proposé de sortir. Nous sommes allés voir le dernier film de Jeunet.

Das *Imparfait* bezeichnet Begleitumstände, Hintergrundinformationen und sich wiederholende Handlungen.
Die Handlungen werden als zeitlich nicht begrenzt angesehen.
Exemple : A l'entrée du cinéma, les gens faisaient la queue. Ils se racontaient leur journée.

Das *Plus-que-parfait* bezeichnet Vergangenes, das schon vor einem Geschehen (Passé composé)
oder Zustand (Imparfait) der Vergangenheit abgeschlossen war.
Exemple : Heureusement, nous avions pensé à réserver nos billets.

Das *Passé simple* hat die gleiche Funktion wie das Passé composé.
Es wird aber vor allem in literarischen Texten und historischen Berichten benutzt.
Exemple : Le Président fit un discours. Il fut acclamé par la foule.

Ecrivez dans la 2e colonne le temps des verbes ci-dessous. Puis expliquez dans la 3e colonne la fonction du temps employé. Pour cela, relisez-les dans leur contexte (texte de Simone de Beauvoir à la page 52 de votre livre).

Verbes	Temps	Fonction
« ce fut » (l. 1)		
« occupaient », « fraternisait » etc. (l. 1 – 4)		
« éclatèrent », « se couvrirent » (l. 6 – 10)		

2 « Le pouvoir aux travailleurs ! »

→ Stratégie 17, p. 233

a Le sujet : Ecrivez une phrase d'introduction présentant le sujet de ce commentaire (voir Commentaire LE p. 52).

_____

b Relisez l'intitulé du commentaire dans votre livre p. 52. De quelle sorte de commentaire s'agit-il ?

☐ une prise de position   ☐ un commentaire critique du texte B4

La thèse : Quelle thèse allez-vous défendre ?

_____

Les arguments : Présentez au moins 3 arguments qui soutiennent votre thèse et complétez-les par une justification ou un exemple. Présentez-les du moins important au plus important en utilisant les connecteurs suivants :

Tout d'abord, …   De plus, …   Enfin, …

c L'opinion personnelle : Formulez une conclusion qui résume en quelques mots votre opinion sur le sujet.

_____

B5 A l'heure du bilan

Si tu m'avais demandé...

→ § 90   → Les phrases conditionnelles, p. 8

Complétez ces phrases conditionnelles formulées par les manifestants par la forme verbale qui convient.

– « Si vous nous _____ (donner) plus de droits, nous _____

(ne pas avoir besoin) de nous révolter contre le système. Et si on _____ (ne pas faire)

grève), la population _____ (ne jamais comprendre) qu'il faut réformer la société. »

– « Si, demain, les éboueurs _____ (se mettre) en grève et les poubelles _____

_____ (ne plus être ramassées), la société _____ (comprendre) enfin

qu'ils font un travail important. »

– « Si tous les jeunes _____ (se révolter), de Gaulle _____

(finir par démissionner). »

– « Si les jeunes _____ (ne pas se soulever) en 1968, le monde _____

_____ (ne pas changer). »

B6 Mai 68 : héritage ou fardeau ?

1 Pour ou contre ? 👁

→ Stratégie 3, p. 220

a La forme du texte : Lisez les premières lignes (l. 1–5) du texte de Vincent Cespedes à la p. 54 de votre livre. Repérez les mots ou expressions qui rendent compte de la position de N. Sarkozy et de S. Royal face à Mai 68. Précisez pour chacun d'eux si leur vision du mouvement est positive ou négative.

b La forme et la fonction : Relevez de la ligne 6 à la ligne 15 cinq expressions qui montrent la subjectivité de l'auteur. Les éléments relevés sont caractéristiques d'une fonction textuelle, laquelle ?

Présentez la position de V. Cespedes en formant des phrases avec les verbes ci-dessous :

Vincent Cespedes   est pour / approuve / soutient / défend…
est contre / désapprouve / s'oppose à / n'accepte pas / dénonce / critique…

c Après la lecture : Et pour vous, que signifie Mai 68 ? Vous sentez-vous encore concerné(e) par le débat ?

2 Mai 68 et son vocabulaire

Relisez les documents B3, B4 et B6 (LE p. 51, 52 et 54) et faites un filet de mots autour de « Mai 68 ». Recopiez le schéma ci-contre et complétez-le avec des mots tirés de ces 3 documents.

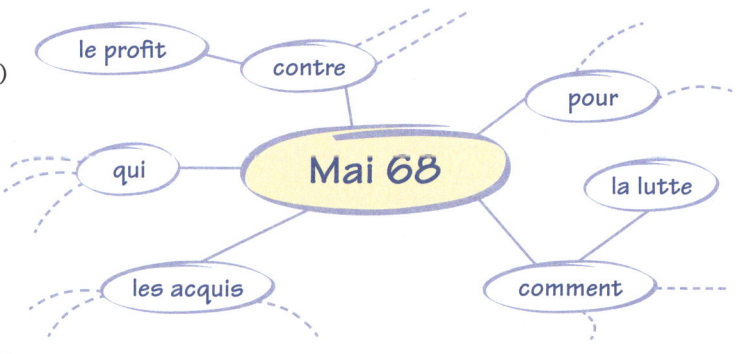

3 Mai 68 en France et en Allemagne F<>D

→ Stratégie 21, p. 237

Vous faites un stage chez Arte à Strasbourg. La chaîne prépare une série de documentaires sur Mai 68. La rédaction française d'Arte a reçu ce descriptif de leurs collègues allemands. Votre responsable de stage vous demande de préparer un court texte en français présentant le débat Paris–Berlin pour les magazines de télé français.

a Relisez le vocabulaire thématique rassemblé dans votre filet de mots (exercice précédent).

b Relevez dans le texte en allemand les informations permettant de répondre aux questions : quoi ? (le sujet) – qui ? – où ? – quand ? – pourquoi ?

c Rédigez votre texte en français.

Mai 68 – Die letzte Utopie
Im Mai 1968 geriet in Europa die Gesellschaft ins Wanken. Eine Protestbewegung gegen Krieg und verkrustete Sozialstrukturen, gegen sexuelle Tabus und überkommene Wertvorstellungen erlebte ihren Höhepunkt. Auch 40 Jahre später werden die Ereignisse unterschiedlich bewertet. Für die einen waren sie Folgen einer Emanzipationsbewegung, für andere eine pauschale Ablehnung von Autorität. In „Paris – Berlin" diskutieren Aktivisten des legendären „Mai 68" mit Jugendlichen von heute. Eine Schwerpunktfrage wird sein, warum es wichtig ist, von einer anderen, möglichen Welt zu träumen. ARTE zeigt diese Sendung innerhalb des Programmschwerpunkts „1968".

„Mai 68" – dieses Schlagwort erinnert an einen Frühling voller Utopien, in dem die Gesellschaft ins Wanken geriet. In Paris waren die Wände übersät mit Parolen wie „Lauf Genosse, die alte Welt liegt hinter dir", „Arbeitet nie", „Die Poesie ist auf der Straße", „Die Wände haben das Wort", „Dein Boss braucht dich, aber du brauchst ihn nicht".
30 Jahre hat es gedauert, bis das Erbe der 68er-Bewegung erforscht wurde. Manche sehen in den „Mai-Unruhen" weniger eine politische als eine kulturelle Revolution. Für andere zählen nur die Streiks und die sozialen Errungenschaften. Man versucht zu verstehen, warum in den nachfolgenden Jahren in Deutschland und Italien – anders als in Frankreich – Gewalt und bewaffne-

ter Kampf an die Stelle politischen Handelns traten. Und man will wissen, welche positiven und negativen Folgen die Bewegung hatte.

Eine sachliche Diskussion über 1968 ist immer noch schwierig. Für die einen war „Mai 68" eine Emanzipationsbewegung, für die anderen ein pauschales und sinnloses Infragestellen des Autoritätsprinzips. Jede Position ist mit Dogmen und Wertvorstellungen behaftet, sodass die Frage nach dem Wesen der Bewegung wohl immer unterschiedlich beantwortet werden wird. Die Debatte „Paris – Berlin" stellt die Frage nach dem Fortleben der Utopien. Was wurde aus den Träumen von 1968? Warum ist der Utopie-Begriff seitdem tabu und hat keine Triebkraft mehr? Warum glauben wir nicht mehr daran, dass es möglich ist, das Unmögliche zu fordern? Was bedeutet es, wenn eine Gesellschaft keine Utopien mehr entwirft und sich mit Alltagsverwaltung, Kaufkraft und Problemportfolios befasst? In „Paris – Berlin" diskutieren Protagonisten des legendären „Mai 68" mit jungen Menschen, die damals gerade erst geboren waren und für die Themen wie sexuelle Unterdrückung und „Fantasie an die Macht" vielleicht schon überholt klingen.

© Arte G.E.I.E. 2008

B7 Appel à nos amis du monde

Un discours amical

→ Stratégies 3 + 10, p. 220 + 226

a   Relevez des expressions répétées par Nicolas Sarkozy dans son discours (LE p. 55). Quel effet produisent ces répétitions ?

b   Lisez ce discours à voix haute. Sur quels mots / expressions choisiriez-vous de mettre l'accent ?

c   Ecoutez maintenant la version audio du discours. Sur quels mots Nicolas Sarkozy met-il l'accent ? Est-ce que ce sont les mots auxquels vous vous attendiez ?

d   A quels moments du discours les auditeurs applaudissent-ils ? Pourquoi ?

e   Choisissez dans la liste ci-dessous le mot qui convient pour caractériser le ton employé par Nicolas Sarkozy.

☐ ton dramatique   ☐ ton agressif   ☐ ton énergique   ☐ ton didactique

L'Histoire à grands pas – Vocabulaire

La liste suivante vous propose un choix de mots qui sont tirés des textes du module et qu'il serait bon de connaître.

Relevez tous les verbes et, pour chacun d'eux, trouvez un nom de la même famille.

A1 régner herrschen
un citoyen Staatsbürger
la fraternité Brüderlichkeit
résister à sich wehren gegen; widerstehen
A2 la Bourse Börse
une valeur Wert
un témoignage (Zeugen-)Aussage; Zeugnis; Beweis
une louange Lob
la volonté Wille
habile geschickt
merveilleux, -euse wunderbar
A3 affreux, -euse furchtbar; hässlich
la puissance Kraft; Macht
A6 un électeur Wähler; Wahlberechtigter
une arme Waffe
un prisonnier Häftling
une forteresse Festung
baisser herunterlassen; senken
A7 la victoire Sieg
une conquête Eroberung
la défaite Niederlage

la propriété Eigentum
un impôt Steuer
les lettres f. Literatur, Philologie, Geisteswissenschaften
essentiel,le wesentlich
accessoire nebensächlich
B1 la patrie Heimat
une bataille Schlacht
l'honneur m. Ehre
une force Kraft
un ennemi Feind
s'unir à sich vereinigen
un sacrifice Opfer
lutter kämpfen
B2 l'origine Ursprung; Ursache; Herkunft
un mérite Verdienst
la réconciliation Versöhnung
un traité (Staats-)Vertrag
l'OTAN f. NATO
B3 l'imagination f. Vorstellungskraft, Fantasie
B4 une manifestation Demonstration; Veranstaltung

un affrontement Konfrontation
une grève Streik
un syndicat Gewerkschaft
le soutien Unterstützung
un air Melodie
l'argent liquide Bargeld
une revendication Forderung
B6 un,e héritier, -ière Erbe / Erbin
les mœurs f. Sitten
une insurrection Aufstand
un acquis Errungenschaft
un avortement Abtreibung
l'hypocrisie f. Verlogenheit
conjugal,e ehelich
un héritage Erbe
B7 sincère ehrlich
protéger schützen
un obstacle Hindernis
un combat Kampf
l'humanité Menschheit / Menschlichkeit
la haine Hass
ambitieux, -euse ehrgeizig
persécuter verfolgen

4

Particularités culturelles

a Ces dessins représentent-ils
la France ou l'Allemagne ?

b A quels clichés font-ils allusion ?

A1 Quelques grandes étapes

Agir pour la paix ou pour la guerre ?

a Retrouvez les verbes du texte qui se cachent ci-dessous en remettant les lettres en ordre.
Puis écrivez à côté les noms construits sur la même racine.

bélirer	_____ _____	éiersstr	_____ _____	aciplutre	_____ _____
tabetr	_____ _____	rebolacorl	_____ _____	conlierciré	_____ _____
rcrée	_____ _____	qrrbéeaud	_____ _____	rerepd	_____ _____

b Quels verbes se rapportent au champ lexical de la guerre, lesquels au champ lexical de la paix ?

A2 La voie de la collaboration

1 Le langage du chef 👁

→ Stratégie 3, p. 220

Lisez le texte A2 (LE p. 60).

a La structure du texte : Pour mettre en évidence la structure de ce discours de Pétain, retrouvez le mot-clé correspondant
à chaque partie.

la souveraineté – la sincérité – la confiance – la rencontre – la collaboration – l'apostrophe aux Français

| § 1 l. 1 | | § 3 l. 4−9 | | § 5 l. 12−15 | |
| § 2 l. 2−3 | | § 4 l. 10−11 | | § 6 l. 16−18 | |

b Les figures de style : Cherchez dans le discours les procédés de style indiqués ci-dessous et précisez leur fonction.

Procédé de style	Exemple	Fonction
mise en relief		
métaphore		
personnification		
gradation		
antithèse		
impératif		

c   Le ton : Imaginez que vous deviez prononcer le dernier paragraphe de ce discours. Reportez dans la colonne de gauche chaque phrase du dernier §. Soulignez le(s) mot(s) qu'il convient d'accentuer. Puis remplissez la colonne de droite en indiquant le ton sur lequel vous liriez ces phrases.

Extraits du discours de Pétain	Ton (rassurant / paternel / passionné / solennel / dramatique / enflammé / agressif / violent…)

Comparez vos réponses et lisez l'extrait du texte à haute voix.

d   La fonction du texte : A l'aide de vos réponses aux questions a) à c), précisez l'intention du maréchal Pétain en faisant ce discours. Quelle est, en conclusion, la fonction de ce texte ?

2   La collaboration : attitude passive de la France ?   → §§ 96 – 97   → La voix passive, p. 26

a   Relevez les phrases à la voix passive dans le 3e § (l. 4 – 9) du discours à la page 60 de votre livre.

_____

_____

_____

b   Transformez les phrases de a) à la voix active.

_____

_____

_____

c   Les phrases au passif n'ont pas de complément d'agent (introduit par « par »). Comment les avez-vous transformées ?

A3 Un service à la nation

1   La collaboration avec le Grand Reich   → §§ 30, 35   → Stratégies 4 + 8, p. 221 + 224

Lisez le texte à la page 61 de votre livre.

a   Les temps : Pour repérer la structure du texte, le temps des verbes peut vous aider. Relevez le temps de la narration.

l. 1 – 4		l. 5 – 28		l. 29 – 41	

Quel est l'effet des temps utilisés ? Associez aux temps que vous avez trouvés la fonction qui leur correspond.

– fonction a : ce temps renforce la crédibilité, la vivacité
– fonction b : ce temps crée une distance historique ; c'est le temps du récit

b L'action : Trouvez un titre aux parties ci-dessous.

Lignes	Titre
l. 1 – 4	
l. 5 – 14	
l. 15 – 18	
l. 19 – 28	
l. 29 – 30	
l. 31 – 37	
l. 38 – 41	

c Quelle atmosphère se dégage de cet extrait ?

_____

_____

_____

_____

_____

_____

d Tandis que la scène décrite par Philippe Labro se passe manifestement dans la « zone libre », le nord de la France est occupé par les Allemands. Une exposition intitulée « Les Parisiens sous l'Occupation » a eu lieu à Paris en 2008. La photo ci-contre a servi à illustrer l'affiche. Décrivez cette photo et dites quelle atmosphère s'en dégage.

_____

_____

_____

_____

_____

Cette exposition a été l'objet de nombreuses polémiques. Pouvez-vous imaginer pourquoi ?

2 Journal intime

→ §§ 80 – 83   → Le discours indirect, p. 23

a Lisez les phrases ci-dessous tirées du texte p.61 et celles écrites par le narrateur dans son journal intime. Commentez les transformations qui ont été opérées.

Un jour, deux hommes, Floqueboque et Pallombière, se présentent à la villa où habitent le jeune narrateur et sa famille. Le père du narrateur les reçoit sèchement. (l. 5 – 6)
→ Aujourd'hui, deux hommes se sont présentés chez nous. Papa n'a pas été très gentil avec eux.

b Repérez les passages au style direct dans le texte.
Puis complétez les débuts de phrases ci-dessous en employant le temps qui convient.

Papa leur a demandé _____ (l.7).

L'un d'eux a répondu qu'il _____ (l.9 – 10).

Et il a ajouté qu'il _____ (l.11).

c Continuez à raconter la scène au discours indirect en vous aidant des verbes ci-dessous qui conviennent.
Veillez à respecter la concordance des temps et à employer les pronoms corrects.

préciser / répéter / annoncer / faire savoir / signaler / déclarer / expliquer / répondre / ajouter que…

demander de / encourager à / inviter à / proposer de / recommander de / ordonner de + inf.

d C'est un petit garçon qui écrit son journal intime. Quels mots (ou expressions) du texte original ne va-t-il sans doute pas employer parce qu'ils sont trop compliqués pour lui ?

A4 Interdit de parler français !

1 Rusé comme un renard… 👁

→ Stratégie 6, p. 223

a Retrouvez les synonymes de l'adjectif « rusé » en remettant les syllabes dans l'ordre.

ci as tu eux _____ té fu _____ bi ha le _____ lin ma _____ chia ma que li vé _____

Recherchez dans un dictionnaire unilingue le sens précis de ces adjectifs (dont « rusé ») et leur forme féminine.

b Lisez l'extrait de T. Ungerer à la page 62 de votre livre. Précisez quels adjectifs conviennent pour décrire la mère. Justifiez votre réponse en citant le texte.

c Cherchez des synonymes de l'adjectif « bête ». Quel mot la mère emploie-t-elle pour qualifier le policier ?

2 Ma mère, cette héroïne ! 👁

→ Stratégie 6, p. 223

Faites le portrait de la mère du narrateur. Pour ce faire, retrouvez dans le texte les actions citées puis interprétez-les en indiquant le trait de caractère qu'on peut en déduire. Complétez le tableau avec vos propres idées.

Actions de la mère	Traits de caractère
Elle va voir l'officier : l.	
Elle utilise une « stratégie » : l.	

A5 Oradour

1 Un poème sur un massacre 👁

→ Stratégie 12, p. 227

a Lisez le poème (LE p. 63) une première fois. Quelles sont vos impressions après la première lecture ?

b Le choix des mots : Relevez les noms dans les deux premières strophes et reportez-les dans la catégorie correspondante :

les habitants : _____

le village / l'habitat : _____

la vie des villageois : _____

Qu'associez-vous avec ces noms ?

c Le thème : Relevez dans le poème à partir de la ligne 11 des mots qui se rapportent au champ lexical de la guerre / la mort.

_____

d Les sentiments : Quels sont les sentiments évoqués par le poète ? Quel sentiment domine selon vous ?

e Les figures de style :
Quel effet de style le poète utilise-t-il pour rendre son sujet moins abstrait, lui donner une forme humaine ?
Et le(s)quel(s) emploie-t-il pour rendre compte du traumatisme profond causé par ce massacre ?

f Vos impressions : Sur quelle(s) impression(s) nous laissent les derniers vers du poème ?

2 Le vocabulaire de la 2ᵉ guerre mondiale

Faites un filet de mots autour du thème
de la 2ᵉ guerre mondiale à partir des textes
A2, A3, A4, A5 (LE p. 60 – 63) et B1 (LE p. 49).

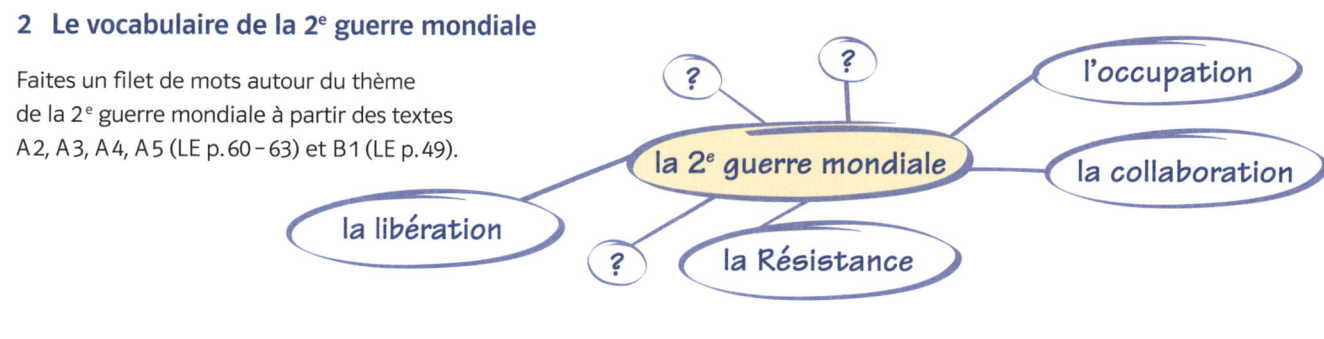

B1 Regards croisés

Associations 👁

→ Stratégie 7, p. 223

a Regardez les statistiques (LE p. 64) et répondez aux questions.

Quel est le sujet ?
De quand date la publication ?
Quelle en est la source ?
De quel type de représentation s'agit-il : d'un diagramme circulaire, d'un tableau ou d'un diagramme en bâtons ?
S'agit-il de nombres absolus ou de pourcentages ?

b Parler des chiffres : Lisez les résultats. Pour ce faire, utilisez les expressions suivantes.

Environ…
                        des Français associent à l'Allemagne… / des Allemands associent à la France…
A peu près…

Le taux de / d'…   qui…   est élevé.
Le taux de / d'…   qui…   est faible.

On constate…

c Comparer des résultats : Soulignez la bonne réponse.   → § 20   → Le comparatif, p. 17

La cuisine : Autant / un peu moins / beaucoup moins / un peu plus / beaucoup plus de Français
que d'Allemands associent le pays voisin à sa gastronomie.
La capitale : La capitale est mentionnée par autant / un peu moins / beaucoup moins / un peu plus /
beaucoup plus de Français que d'Allemands quand on leur demande ce qu'ils associent au pays voisin.
L'Histoire : L'Histoire franco-allemande joue un rôle aussi / un peu moins / beaucoup moins / un peu plus /
beaucoup plus important pour les Allemands que pour les Français dans leur représentation du pays voisin.
Le mode de vie : Pour les Allemands, le mode de vie des Français joue un rôle minime / important /
de premier ordre dans l'image qu'ils se font du pays voisin. Ce même sujet joue un rôle aussi /
un peu moins / beaucoup moins / un peu plus / beaucoup plus important / ne joue aucun rôle dans la façon
dont les Français se représentent l'Allemagne.

A vous ! Comparez maintenant les chiffres concernant les autres sujets évoqués.

_____

_____

_____

_____

_____

_____

_____

B2 L'allemand, c'est pas cool !

1 Une langue au pouvoir de séduction limité 👁 ✏️ ⟨I⟩

→ Stratégie 21, p. 237

a La lecture sélective : Relevez dans le texte B2 à la page 65 de votre livre les arguments pour et contre l'apprentissage de l'allemand.

b Les phrases-clés : Cochez dans la liste ci-dessous les phrases qui vous semblent convenir comme phrases-clés pour ce texte et remettez-les dans l'ordre en ajoutant des connecteurs (voir stratégie 16) pour articuler ces phrases entre elles.

La bière est associée à l'Allemagne.
Les Français aiment la musique ou la mode d'autres pays.
Le nombre d'élèves français qui apprennent l'allemand est en baisse.
Il y a quinze ans, la situation était différente.

La langue fait partie de la culture.
Il faut savoir lire Gœthe en allemand.
Les jeunes Français ignorent presque tout de la culture allemande.
Il faut créer une image positive de l'Allemagne.

_____

_____

_____

c Lancez maintenant votre forum (voir Médiation LE p. 65) en présentant dans un court texte en français les informations intéressantes de cet article.

2 Bier, Bratwürste und Birkenstock...

→ §§ 20, 49   → Le superlatif, p. 17

a Complétez les phrases en mettant l'adjectif au superlatif.

La bière belge est bonne, mais la bière allemande, c'est _____

Vous trouvez la merguez savoureuse ? Découvrez la Bratwurst, vous allez adorer, c'est _____

_____

Vos pieds réclament des chaussures confortables ? Optez pour Birkenstock, ce sont _____

_____

b Complétez les phrases avec un adjectif précédé de super / hyper / méga.

La bière allemande : une bière _____

La Bratwurst : une saucisse _____

Les chaussures Birkenstock : des chaussures _____

c Mettez l'accent sur l'avantage pour le consommateur :
Complétez les phrases avec un verbe accompagné du superlatif le plus / le mieux.

La bière allemande, la bière qui / que vous _____

_____

La Bratwurst, la saucisse qui / que vous _____

_____

Les chaussures Birkenstock, les chaussures qui / que vous _____

_____

3 L'Allemagne, le pays des idées ?

→ Stratégie 8, p. 224

4

a Regardez l'affiche ci-contre vantant les mérites de l'apprentissage de l'allemand à l'Institut Gœthe et donnez vos premières impressions.

b Décrivez : – les éléments visuels
   – les éléments textuels de cette affiche.
   Quelle est la valeur symbolique des objets représentés ?

c Trouvez-vous cette affiche réussie ?

d A vous ! Vous travaillez dans une agence de publicité. Vous devez créer une affiche pour promouvoir l'Allemagne et la langue allemande en France (voir Créativité LE p. 65). Choisissez un sujet / un aspect de la culture allemande (une ville, un événement culturel…) qui, selon vous, représente bien l'Allemagne et qui donne envie d'y aller. Travaillez en petits groupes. Formulez un slogan (par ex. en utilisant le superlatif, des figures de style…), quelques lignes publicitaires et choisissez des éléments visuels qui attirent l'attention.

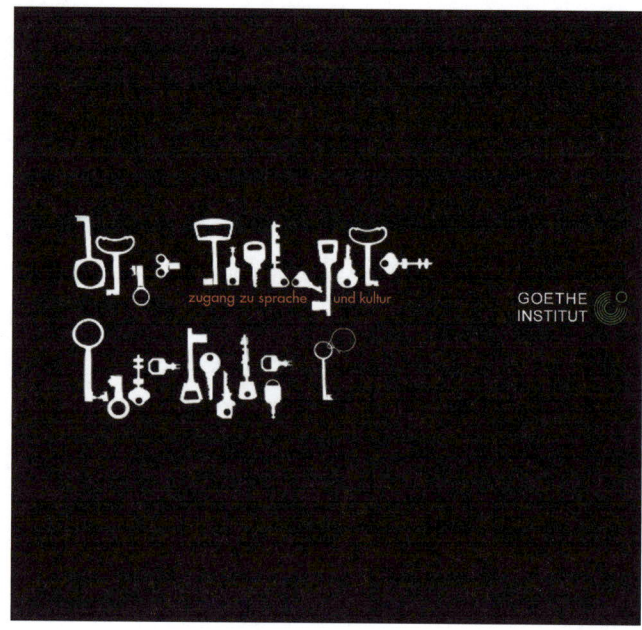

B3 Sexy, l'allemand !

De bons ambassadeurs

Lisez le texte B3 (LE p. 66). Répondez aux questions en cochant la bonne réponse ou en écrivant l'information demandée.

Pour qui travaille Naura ? _____

Que fait Naura dans le cadre de son travail ?

☐ Elle lit des livres de Gœthe.   ☐ Elle enseigne la musique.   ☐ Elle chante.

Qu'apprend-on sur les fans du groupe Tokio Hotel ?

☐ Ce sont surtout des filles.   ☐ Ils/Elles n'arrivent pas à se rappeler des titres.   ☐ Les filles ne s'intéressent qu'à la coupe de cheveux du chanteur.

Indiquez si ces phrases sont vraies (V) ou fausses (F) et justifiez votre réponse.

Le chanteur du groupe a les yeux clairs. _____

Il chante uniquement en allemand. _____

Les inscriptions aux cours d'allemand de la Maison de Heidelberg ont déjà doublé grâce au groupe Tokio Hotel.

_____

_____

Cornelia Zenner est la traductrice du groupe. _____

Cochez les bonnes réponses :

Un feu de paille est un feu ☐ qui brûle longtemps. ☐ qui ne se propage pas vite. ☐ qui ne brûle pas longtemps.

Expliquez avec vos propres mots l'impact du groupe sur la perception de l'allemand chez les jeunes en France.

_____

_____

B4 La télé franco-allemande

 Un autre regard sur l'information

→ Stratégie 10, p. 226

a L'écoute sélective : Ecoutez le texte audio. Soulignez la bonne réponse.

La journaliste d'Arte explique qu'il ne faut pas tomber dans la normalité / banalité / télé-réalité.
Il faut mélanger / changer / échanger les points de vue.
Elle prend l'exemple du problème basque / corse / écossais pour montrer les différentes réactions
des personnes interviewées.
Sur Arte, les actualités sont présentées avec plus de relaxation / flexion / réflexion.
La chaîne ne traite presque pas l'effet de serre / les faits divers / les fêtes d'hiver.

b Après l'audition : Après avoir fait l'exercice du livre et répondu aux questions ci-dessus, résumez en quelques mots
la particularité du travail de journaliste chez Arte.

B5 En route !

Une image symbolique

→ Stratégie 8, p. 224

a Le type d'image : Regardez l'image à la page 67 de votre livre. De quel genre d'image s'agit-il ?

b Les objets, les personnages et l'action : Décrivez la scène représentée sur cette image à l'aide du vocabulaire ci-dessous :

un aigle – un coq – une voiture décapotable – la plaque d'immatriculation –
conduire une voiture – rouler à toute allure – doubler – se garer sur le bas-côté – tomber en panne –
ouvrir le capot – dégager de la fumée – réparer le moteur

c Les symboles :

Qui / que symbolisent les 2 animaux ?

Les deux voitures représentées sont aussi des symboles. La voiture de gauche : De quelle voiture s'agit-il ?
Que symbolise-t-elle ?

La voiture de droite : Il s'agit là aussi d'un symbole, auquel une grande exposition parisienne a été consacrée en 2008.
Lisez-le texte ci-dessous et répondez aux questions.

> Conçue au milieu des années 30 par Pierre Boulanger, la « 2 chevaux » fut exposée
> pour la première fois par Citroën en 1948. La voiture devait être bon marché pour
> être accessible au plus grand nombre. Et elle devait avant tout être pratique,
> spacieuse et relativement confortable, atteindre les 60 km/h et ne consommer que
> 5 litres aux 100 km.
> Le modèle de la 2CV – *la deuche* comme on l'appelle familièrement – a toujours
> gardé sa forme caractéristique. Citroën en a produit plus de 5 millions pour ses
> utilisateurs très enthousiastes : des paysans, des hippies, des ouvriers, des
> « baroudeurs » ou des jeunes citadins qui trouvent cette voiture « cool ».
> La 2CV a été élue « voiture du siècle » par les Français il y a quelques années.

Comment s'appelle cette voiture ?
Pourquoi peut-on dire que cette voiture est un symbole ?

d L'intention de l'auteur : Quel message veut faire passer l'auteur du dessin p. 67 en utilisant ces symboles ?

B6 Où va le couple franco-allemand ?

4

Des liens qui se créent et se développent

→ §§ 25, 28

Complétez les phrases ci-dessous en y introduisant le verbe pronominal qui convient conjugué au passé composé.

(bien) s'amuser – se voir – s'installer – s'inscrire – s'établir – se créer – se renforcer (encore) – s'approfondir

Les liens qui _____ entre Thomas et son corres allemand en quatrième _____

par la suite. Un bon contact _____ avec la famille de son ami. Finalement, des habitudes

_____ entre les deux familles qui _____ plusieurs fois.

L'été dernier, Thomas et Andreas _____ dans un club de vacances franco-allemand.

Ils _____ et leur amitié _____ .

C1 Viva Europa !

Pourquoi l'Europe ?

Lisez les questions ci-dessous. Ecoutez le texte audio une seule fois et cochez la bonne réponse.

Ce document est ☐ un reportage. ☐ un témoignage. ☐ un discours.

Selon M. Kouchner, la mondialisation ☐ rend l'Europe impossible.
☐ est la prochaine étape du projet d'élargissement européen.
☐ doit avoir lieu dans le cadre de l'Europe pour que notre histoire et nos valeurs soient respectées.

Ce qui est important pour l'avenir de l'Europe ☐ c'est de favoriser l'espoir et le rêve.
☐ c'est de défendre les droits de l'homme partout dans le monde.
☐ c'est de ne pas avoir trop d'ambition.

L'Europe a un rôle à jouer ☐ dans le développement scientifique et technologique.
☐ dans les domaines de l'écologie, de la santé et des flux migratoires p. ex.
☐ dans la résolution des défis franco-allemands.

Le franco-allemand ☐ est nécessaire pour l'avenir de l'Europe.
☐ appartient au passé.
☐ ce n'est pas grand-chose aujourd'hui à cause de la concurrence.

C2 Rêves de jeunes

1 Les mots du texte

→ Stratégie 2, p. 219

Les autres langues / la définition : Retrouvez les mots du texte C2 (LE p. 69) correspondant aux traductions et définitions ci-dessous.

(lat. utensilia)	objet qui sert à faire un travail	_____	(lat. meliorare)	rendre meilleur, perfectionner	_____
(lat. aedificium)	bâtiment important	_____	(lat. implicare)	s'engager	_____
(eng. foundation)	la base qui assure la stabilité	_____	(eng. ink)	liquide autrefois utilisé pour écrire	_____

2 L'Europe au conditionnel

→ § 38   → Les phrases conditionnelles, p. 8

4

a   Expliquez l'emploi du conditionnel aux lignes 5 – 6 du texte C2 (LE p. 69).

b   Complétez le texte ci-dessous en conjuguant les verbes au mode et au temps qui conviennent.

Dans l'Europe de mes rêves, tous les chômeurs _____ (obtenir) un emploi. Le racisme _____

(ne pas exister), les immigrés _____ (pouvoir vivre) en paix. Le profit _____

(ne pas jouer) un si grand rôle, l'écologie _____ (être) un objectif prioritaire. On _____

(reconnaître) les diplômes dans toute l'Union européenne. On _____ (défendre) nos valeurs

communes dans le monde entier et pour que de nouveaux membres puissent se joindre à l'Union européenne,

il _____ (falloir) qu'ils aient ces mêmes valeurs.

Si on _____ (écouter) plus les jeunes, la situation sociale en Europe _____ (s'améliorer).

c   Faites des phrases ; attention à l'emploi de l'imparfait et du conditionnel.

Si j'avais un mot à dire au Conseil européen, je…   Si seulement… !

C3 Les institutions européennes

1 Le Parlement européen 👁 👄

→ Stratégie 22, p. 238

a   Les informations-clés : Voici des informations sur le Parlement européen (PE) auxquelles il manque quelques mots-clés.
Complétez les phrases en vous aidant du schéma à la page 70 de votre livre et en faisant des recherches complémentaires.

a) Les membres du PE sont élus au suffrage _____ . – b) Le siège officiel du PE est à _____ . –

c) Le PE contrôle et a un droit de censure sur la _____ européenne. – d) Le PE s'occupe des lois :

il forme donc la branche _____ des institutions européennes. – e) Le PE travaille avec les

ministres nationaux réunis dans le _____ . – f) Le Parlement est constitué

de 785 _____ européens qui sont _____ pour 5 ans. – g) Ils représentent 492 millions

d'_____ provenant de 27 Etats (en 2008). – h) Le PE contrôle les dépenses et les recettes publiques

européennes, c'est-à-dire le _____ européen. – i) Ses sessions ont lieu à _____ , son

secrétariat se trouve à _____ .

b   La structure : Regroupez les informations ci-dessus dans la catégorie à laquelle elles se rapportent.

l'élection du PE : **a)** _____   le rôle du PE : _____   le siège du PE : _____

c   La « répétition générale » : Préparez trois cartes avec les mots-clés *élection, rôle, siège* dessus.
Mettez-vous par deux. Faites tirer une carte à votre partenaire qui doit vous dire ce dont il se souvient sur le sujet.

2 Qui fait quoi ?

Expliquez le fonctionnement des institutions européennes (voir graphique LE p. 70). Utilisez les verbes suivants :

décider de qc	consulter qn	exécuter qc	censurer qc / qn	nommer qn
proposer qc à qn	transmettre qc à qn	contrôler qc / qn	ratifier qc	informer qn

C4 L'Europe en fête !

Les jeunes et l'Europe F<>D

→ Stratégie 21, p. 237

La classe avec laquelle vous êtes jumelés en France prépare un dossier sur « les jeunes et l'Europe ».
Pour ce dossier, les élèves français vous demandent ce qu'on pense du sujet en Allemagne.
Répondez à leur question en relevant les idées centrales de cet article du Tagesspiegel.

a   Quels sont les pays européens mentionnés dans cet article ?

_____

b   D'après le texte, l'image que les jeunes de ces pays ont de l'Europe est-elle

☐ positive   ☐ négative   ☐ contrastée ?

Justifiez votre réponse en donnant des exemples tirés du texte (formulés librement en français).

_____

_____

_____

c   Ecrivez votre texte en vous aidant de vos réponses aux questions a) et b).

Zukunft ohne Euphorie

Der Schock saß tief. Am 12. Juni lehnten die Iren in einem Referendum den Lissabon-Vertrag ab und versetzten damit dem Plan, die Europäische Union demokratischer und effizienter zu machen, einen herben Rückschlag. Besonders ernüchternd wirkte für viele Pro-Europäer die Tatsache, dass es gerade unter jungen Iren eine ausgeprägte Tendenz zum „Nein" gab: In der Altersgruppe der 18- bis 24-Jährigen stimmten 65 Prozent gegen den Lissabon-Vertrag, während die Ablehnung im Schnitt lediglich bei 53,4 Prozent lag. Auch beim Referendum in Frankreich im Jahr 2005 hatte sich unter den jungen Leuten eine Mehrheit gegen die damals zur Abstimmung stehende EU-Verfassung gewandt. Kann man aus dem „Nein" der jungen Iren und Franzosen folgern, dass sich unter der nachwachsenden Generation die Europa-Skepsis ausbreitet?
Der SPD-Europaabgeordnete Jo Leinen warnt davor, aus dem deutlichen „No" der 18- bis 24-jährigen Iren zum Lissabon-Vertrag einen allgemeinen Ablehnungstrend herauszulesen. Schließlich habe sich, so argumentiert er, die überwiegende Mehrheit der jungen Iren an dem Referendum gar nicht beteiligt. Nach Leinens Auffassung hat man es eher mit einer Spaltung unter den Jugendlichen in der EU zu tun: „Auf der einen Seite gibt es sehr interessierte und engagierte Jugendliche, die herumgekommen sind. Und auf der anderen Seite gibt es diejenigen, für die die EU eher ein angstbesetztes Thema ist." Hinzu komme, dass inzwischen eine Generation herangewachsen sei, deren Vertreter, sofern sie sich mit Politik beschäftigen, Europa als Thema häufig gewissermaßen „übersprungen" hätten: „Sie wenden sich gleich der globalen Politik zu."
Auch wenn Europa bei den Jungen in Deutschland ein relativ gutes Image besitzt [2006 sagten 60 Prozent der befragten Jugendlichen im Alter zwischen zwölf und 25 Jahren, Europa sei „in"], so hat sich doch auch hier an der Grundstimmung etwas verändert. Während man angesichts der Shell-Jugendstudie von 2002 noch von einer regelrechten „Europa-Euphorie" sprechen konnte, kehrte laut der Erhebung von 2006 eher Nüchternheit ein. Junge Leute kritisierten damals vor allem Bürokratie und Geldverschwendung in Europa. Nach der Einschätzung des Politikwissenschaftlers Mathias Albert, Mitautor der Shell-Jugendstudie, wird bei vielen Jugendlichen eine „Verschlechterung der eigenen Berufschancen auch hineinprojiziert in die EU". Inzwischen gebe es eine „große Skepsis angesichts einer übermächtig werdenden EU". Gleichzeitig sei bei den Jugendlichen aber auch eine Rückbesinnung auf jene Werte festzustellen, die der europäischen Integration historisch zugrunde liegen – beispielsweise Frieden und Sicherheit.

Albrecht Meier, *Der Tagesspiegel*, Berlin 03.08.2008 (gekürzt)

C5 La fin du rêve ?

Les dilemmes des Européens

→ Stratégie 18, p. 234

a La compréhension du texte : Lisez le texte C5 à la page 71 de votre livre et soulignez la réponse qui convient :

– Quand le texte a été publié, l'Europe fêtait / avait fêté / allait fêter son cinquantième anniversaire.
– Le lieu de la rencontre est un symbole de la victoire de la démocratie / de la victoire de la dictature / de la guerre.
– Le peuple français a dit non à la Constitution européenne parce qu'il ne se sent pas européen / parce qu'il rejette l'Europe / parce qu'il a des doutes.

b Les mots-clés : Rayez les mots qui ne conviennent pas comme mots-clés pour ce texte.

la fête	la démocratie	la division	l'élargissement rapide	la menace
le ressort cassé	les délocalisations	les mêmes règles	la préoccupation	l'isolement
la dictature	le progrès	un paradoxe	la protection sociale	la reprise du débat

c Les connecteurs : Voici quelques phrases qui pourraient être utiles pour un résumé. Reliez-les avec un connecteur (voir stratégie 16).

On a choisi Berlin pour fêter l'anniversaire du traité de Rome. La chute du mur symbolise la fin de la dictature.

_____

Il y a des obstacles et des difficultés. Les mêmes règles unissent les pays.

_____

Les Européens vivent mieux qu'avant. Ils ont de nombreux doutes.

_____

d Le résumé : Ecrivez maintenant un résumé de ce texte.

La France, l'Allemagne et l'Europe – Vocabulaire

La liste suivante vous propose un choix de mots qui sont tirés des textes du module et qu'il serait bon de connaître.

Pour tous les adjectifs, cherchez la famille de mots à l'aide de votre dictionnaire.

A1 meurtrier, -ière mörderisch ; tödlich
l'armistice *m.* Waffenstillstand
le charbon Kohle
l'acier *m.* Stahl
A2 le cadre Rahmen
le poids Gewicht
le sort Schicksal
les frais *m.* Kosten
confiant,e gutgläubig, vertrauensvoll
le vainqueur Sieger
imposer qc à qn aufzwingen
le sol Boden
A3 l'état *m.* Zustand
un juif Jude
un but Ziel
l'épouse *f.* Gattin
le linge Wäsche
clandestin,e illegal
rejoindre qn treffen
un imperméable Regenmantel
douter (be)zweifeln

un souci Sorge
un croisement Kreuzung
abandonné,e verlassen
A4 une preuve Beweis
une astuce Trick
un fiston *fam.* Sohn
effrayé,e erschrocken
ennuyeux, -euse langweilig; ärgerlich
une larme Träne
un témoin Zeuge
empêcher verhindern
le talon Ferse
A5 un grenier Dachgeschoss
oser wagen
une blessure Wunde
hurler brüllen
un assassin Mörder
la vengeance Rache
B3 conquérir erobern
chargé,e de (+ inf.) beauftragt
un défi Herausforderung

se réjouir sich freuen
lutter kämpfen
un préjugé Vorurteil
la réputation Ruf
se rendre compte bemerken; verstehen
B6 la méfiance Misstrauen
un échec Scheitern
avoir tort Unrecht haben
une préoccupation Sorge
C2 un outil Werkzeug
un édifice Gebäude
une fondation Gründung; Stiftung; Fundament
C5 l'adhésion *f.* Beitritt
l'élargissement *m.* Erweiterung
protecteur, -trice schützend
soucieux, -euse de auf… bedacht
afin de um…
la paralysie Lähmung
siffler (ab)pfeifen
une plume (Schreib-)Feder

5

Qui parle, qui aime ou qui n'aime pas…

A l'aide des préfixes et suffixes ci-dessous, formez des mots qui correspondent aux définitions suivantes puis remplissez la grille de mots croisés.

Préfixes : anglo- / franco- / germano- / hispano- / luso- / néerlando-
Suffixes : -phone / -phile / -phobe

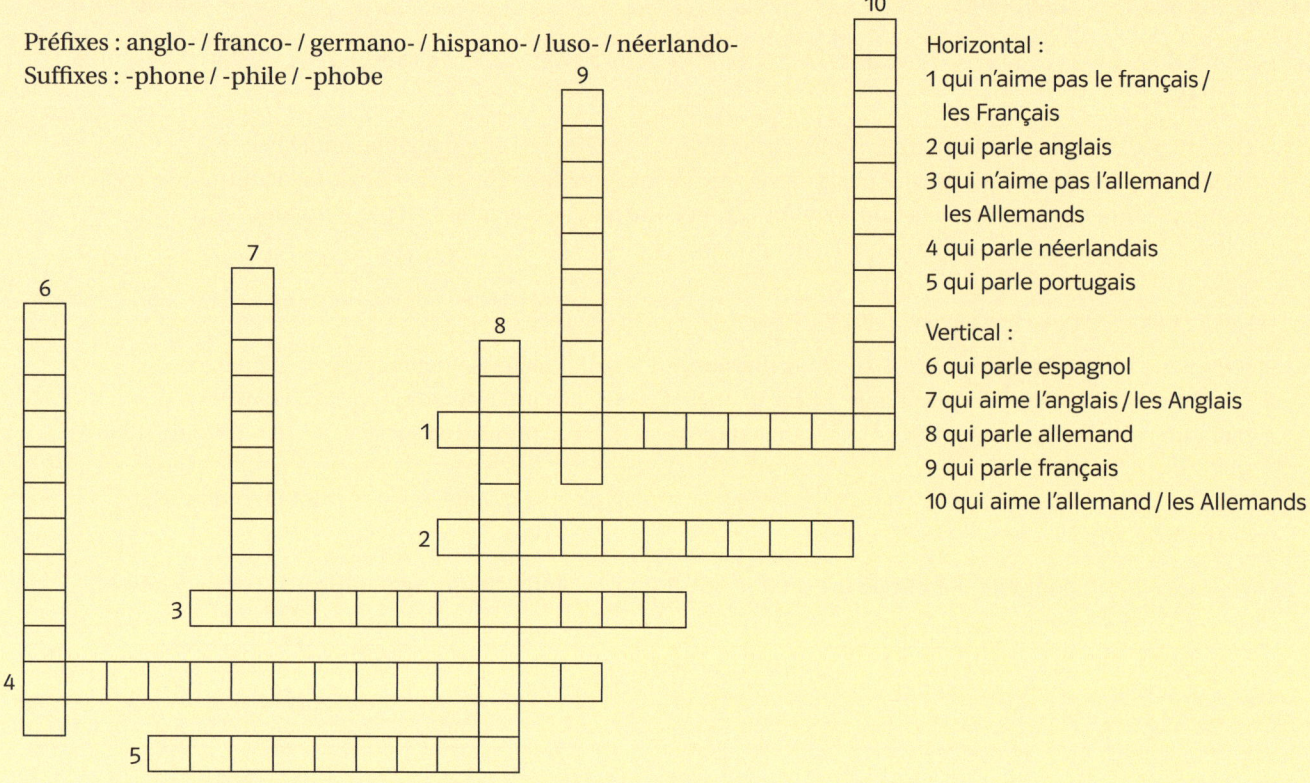

Horizontal :
1 qui n'aime pas le français / les Français
2 qui parle anglais
3 qui n'aime pas l'allemand / les Allemands
4 qui parle néerlandais
5 qui parle portugais

Vertical :
6 qui parle espagnol
7 qui aime l'anglais / les Anglais
8 qui parle allemand
9 qui parle français
10 qui aime l'allemand / les Allemands

A1 Le français est un besoin

1 Le français dans le monde 👁

→ Stratégie 1, p. 218

La lecture sélective : Vrai ou faux ? Lisez l'interview d'Abdou Diouf à la p. 74 de votre livre et cochez la case correcte. Justifiez votre réponse.

1 Le français occupe le deuxième rang parmi les langues les plus parlées.

vrai ☐   faux ☐   la preuve : _____

2 Par rapport à l'anglais, le français progresse plus lentement.

vrai ☐   faux ☐   la preuve : _____

3 La télévision et le Journal international de la francophonie aident à propager le français dans le monde.

vrai ☐   faux ☐   la preuve : _____

4 Dans 29 pays d'Afrique, le français est utilisé dans la vie quotidienne et les communications.

vrai ☐   faux ☐   la preuve : _____

5 Les Africains essaient de se défendre contre l'influence de la langue de leur ancien colonisateur.

vrai ☐   faux ☐   la preuve : _____

6 Le français n'est langue officielle qu'en France.

vrai ☐   faux ☐   la preuve : _____

7 Le combat pour le français en Afrique s'oppose à la diversité linguistique et culturelle du continent.

vrai ☐   faux ☐   la preuve : _____

2 Le combat linguistique

Cherchez dans la grille les noms (tirés du texte) appartenant à la famille de mots des verbes ci-dessous :

hériter – défendre – combattre – diversifier – uniformiser – disparaître – écraser – perdre – progresser – évoluer

U	N	I	F	O	R	M	I	S	A	T	I	O	N	H	P	I	D	O	U	X
S	P	A	D	R	O	U	E	C	R	A	S	E	M	E	N	T	V	D	A	C
A	R	I	E	R	R	T	R	I	Q	U	E	E	U	R	C	H	O	U	S	A
R	O	I	F	U	P	A	M	E	V	O	L	U	T	I	O	N	J	E	A	N
B	G	U	E	V	E	N	T	Z	C	O	M	B	A	T	D	B	A	N	C	U
O	R	A	N	G	R	I	S	A	I	D	I	S	P	A	R	I	T	I	O	N
N	E	C	S	T	T	A	R	D	F	E	U	V	O	G	U	S	V	N	I	N
E	S	S	E	X	E	D	I	V	E	R	S	I	T	E	J	M	X	U	Y	S

3 A, de ou rien ?

Complétez les phrases suivantes avec une préposition (à/de) quand c'est nécessaire.

1   On a tendance _____ oublier qu'il y a des francophones sur les 5 continents.

2   Tu savais que la francophonie compte _____ plus de 170 000 000 locuteurs dans le monde ?

3   Certains auteurs africains assument _____ le passé linguistique de leur pays et préfèrent écrire en français.

4   Qu'est-ce qui a amené les habitants des pays francophones _____ fonder l'OIF ?

5   Est-ce qu'on peut pousser ces pays _____ défendre _____ la langue française ?

6   Dans quels domaines est-ce qu'on a besoin _____ la langue française aujourd'hui ?

7   En France, on peut être confronté _____ des problèmes si on ne parle pas français.

A2 Les valeurs de la francophonie

1   Une institution d'une grande valeur

→ Stratégie 10, p. 226

a   L'écoute sélective : Ecoutez le texte audio.

Quels connecteurs Abdou Diouf utilise-t-il pour structurer son discours ?

d'abord – certes – mais – enfin – car – pas seulement – tout au contraire – c'est pourquoi – comparé à – en outre

Qu'expriment les connecteurs repérés ? Aidez-vous si nécessaire du tableau à la page 232 de votre livre (stratégie 16).

☐ une suite d'éléments plus ou moins indépendants

☐ une opposition

☐ une explication

☐ une comparaison

Retrouvez dans le texte audio le contraire des expressions suivantes :

le dialogue des cultures _____ – la francophonie française _____

b   Selon Abdou Diouf, la francophonie fait coexister divers éléments, lesquels ? Soulignez les bonnes réponses.

les systèmes politiques – les religions – les régions – les cultures – les cuisines – les hommes – les langues

2 Le français en Europe F<>D

→ Stratégie 21, p.237

Vous faites un stage au journal Le Monde, à la rédaction des affaires européennes. Vous avez lu un article intéressant sur le rôle du français en Europe que vous proposez au rédacteur en chef. Il vous demande de lui présenter les informations essentielles de cet article sous forme d'un court texte en français.

Bedeutet Englisch das Aus für die französische Sprache in Europa?

Man erinnert sich an den Eklat beim EU-Gipfel im März 2006, als der französische Staatspräsident Jacques Chirac demonstrativ den Raum verließ, weil Ernest-Antoine Seillière (ehemaliger Präsident des französischen Arbeitgeberverbandes und Vorsitzender des europäischen Industrie- und Arbeitgeberdachverbandes UNICE) einen Vortrag in der „Sprache der Geschäftswelt" gehalten hatte – in other words, auf Englisch. Ist die Sprachenfrage in Europa ein ständiger Kampf zwischen „anglorikanischem Imperialismus" und französischem „Sprachpatriotismus"?

Wenn auch das Englische heute mehr und mehr zur einzigen Geschäftssprache der Europäischen Union wird, so kann man dennoch nicht behaupten, die französische Sprache sei „tot". Sie bleibt eine der Hauptsprachen der europäischen Institutionen. So ergehen z. B. alle Urteile des Europäischen Gerichtshofs auf Französisch. Doch angesichts der gleichmacherischen Tendenzen der Globalisierung muss französischer Sprachunterricht für die Beamten der neuen EU-Mitgliedsstaaten ebenso gefördert werden wie Universitätsstudiengänge mit Doppeldiplomabschluss. Durch letztere könnte das französische Hochschulsystem ausländische Studenten anziehen und so seine Dynamik und seine Fähigkeit, die zukünftige Elite Europas auszubilden, beweisen.

Doch das Erlernen einer Fremdsprache darf nicht nur eine Frage der „Effizienz" und der „Technik" sein, denn Fremdsprachen sind auch bedeutende kulturelle Vektoren. Die Zukunft der französischen Sprache hängt weitgehend von der Verbreitung der französischen Kultur in Europa ab. Heute scheint das Internet zum Abbau der sprachlichen Vielfalt beizutragen und die Frankophonie muss sich angesichts der rasanten Entwicklung der Informations- und Kommunikationstechnologien behaupten.

Die sprachliche Vielfalt, die Toleranz und gegenseitiges Verständnis fördert, ist eine der Stärken der Europäischen Union. Wer im täglichen Leben eine Fremdsprache spricht, schlägt Brücken zwischen den Kulturen und trägt zur Entstehung einer europäischen Identität bei. Französisch und Englisch sind nicht die einzigen Sprachen in der EU. Wenn die Franzosen ihre Sprache und Kultur bei ihren Nachbarn bekannt machen möchten, müssen sie selber auch andere europäische Sprachen beherrschen. Anstatt das Französische als Weltsprache zu propagieren, sollten französische Politiker sich bewusst machen, dass getreu dem europäischen Slogan « Mettez une langue de plus dans votre bagage » („Packen Sie eine Sprache mehr ein") die Mehrsprachigkeit keine Gefahr für die Sprache Molières darstellt, sondern ihr Überleben sichert.

Adrienne Audras und Rita Kahwaji, *Im Spiegel der Zeitschriften Nr. 4, Arte / Collège d'Europe 03.2007.* Mit der freundlichen Genehmigung von Arte France.

3 Espagnol ou français ?

Il y a de plus en plus de lycées qui souhaitent introduire comme 3e langue étrangère l'espagnol, qui risquerait alors de prendre la place du français. Le Service de Coopération et d'Action Culturelle de l'Ambassade de France en Allemagne a décidé de réagir : il organise une grande rencontre avec les proviseurs, les enseignants de langue des lycées et les parents intéressés.
Pour préparer cette rencontre, il appelle tous les apprenants de français à s'exprimer par écrit sur leurs expériences d'apprentissage du français ainsi que sur les avantages (et éventuellement les inconvénients) liés au français.
Vous décidez d'y participer. Votre lettre contiendra 250 mots environ.

B1 C'est belge, c'est bon !

1 Une ville, différents noms ⟨I⟩

Retrouvez les noms français des villes belges ci-dessous :

Antwerpen _____   Löwen _____   Lüttich _____

Gent _____   Brügge _____   Brüssel _____

2 Les clichés ont la vie dure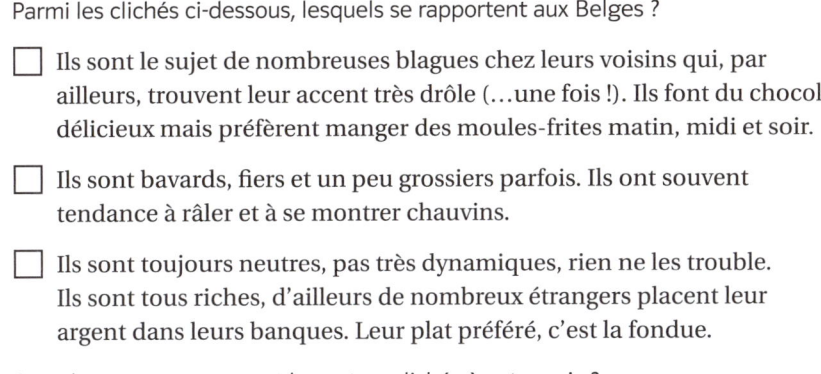

a Parmi les clichés ci-dessous, lesquels se rapportent aux Belges ?

- ☐ Ils sont le sujet de nombreuses blagues chez leurs voisins qui, par ailleurs, trouvent leur accent très drôle (…une fois !). Ils font du chocolat délicieux mais préfèrent manger des moules-frites matin, midi et soir.

- ☐ Ils sont bavards, fiers et un peu grossiers parfois. Ils ont souvent tendance à râler et à se montrer chauvins.

- ☐ Ils sont toujours neutres, pas très dynamiques, rien ne les trouble. Ils sont tous riches, d'ailleurs de nombreux étrangers placent leur argent dans leurs banques. Leur plat préféré, c'est la fondue.

A quels pays se rapportent les autres clichés à votre avis ?
Retrouvez-les sur le dessin ci-contre.

b Connaissez-vous d'autres clichés sur ces 3 pays ?

B2 A la découverte de Bruxelles

1 Les sites célèbres de Bruxelles

Lisez le texte aux p. 76 – 77 de votre livre et formez des phrases avec les éléments ci-dessous.

		un petit garçon en train d'uriner.
	abrite	les 9 provinces belges de l'époque.
La Grand-Place	est considéré(e)	par de magnifiques maisons.
Le Manneken Pis	représente	comme l'une des plus belles places du monde.
Le parcours BD	est entouré(e)	les activités officielles du souverain belge.
L'Atomium	symbolise	l'indépendance d'esprit des Bruxellois.
Le Palais royal	date	d'un ensemble de peintures murales.
Le quartier européen	se compose	une molécule de fer.
		de l'exposition internationale de 1958.
		les institutions de l'Union européenne.

2 Un site visité, apprécié et admiré

a Comment ces mêmes idées sont-elles exprimées dans le texte aux pages 76 – 77 de votre livre ?

Le parcours BD est un ensemble d'une trentaine de peintures murales qui ont été conçues ou inspirées par les grands auteurs de la BD belge.
L'Atomium représente une molécule de fer qui a été agrandie 165 milliards de fois.
La […] présence internationale, qui est liée aux institutions de l'Union, procure à la capitale […] un cosmopolitisme…

b A vous ! Remplacez les propositions relatives ci-dessous par des participes passés.

La Grand-Place, qui est souvent considérée comme l'une des plus belles du monde, est située au centre

de Bruxelles. _____

Le quartier européen, qui est composé de bâtiments vastes et modernes, symbolise l'ouverture du pays vers le futur.

_____

Le parcours BD que de célèbres dessinateurs ont conçu a embelli la ville et en a changé l'image.

_____

c Ecrivez un court texte sur l'un des 6 sites présentés dans votre livre en employant au moins 5 participes passés.

B3 Un pays multilingue

1 La Belgique en statistiques 👁 → Stratégie 7, p. 223

a Regardez le document à la page 78 de votre livre et complétez le texte ci-dessous avec les prépositions manquantes.

La Flandre est située _____ nord _____ Bruxelles, la Wallonie _____ sud _____ la capitale. La Flandre a plus _____ habitants _____ Bruxelles et la Wallonie réunies : 6,1 millions _____ habitants _____ 4,4 millions.

Les Flamands parlent néerlandais, ce qui signifie que la majorité _____ Belges est néerlandophone.

Le français est parlé _____ Bruxelles et _____ Wallonie.

b Complétez maintenant l'analyse des données démographiques et économiques communiquées p. 78 avec les expressions tirées de la stratégie 7 qui conviennent.

La superficie de la Flandre est _____ importante que celle de la Wallonie mais sa population est _____ importante : presque _____ . 1 million de personnes habitent à Bruxelles, ce qui représente près d' _____ de la population totale de la Belgique. On constate que 57,3 % du PIB vient de Flandres, c'est-à-dire _____ _____ du PIB national. Le reste du PIB se répartit entre Bruxelles et la Wallonie : la capitale a un PIB de 55,6 milliards d'euros, ce qui est presque _____ qu'en Wallonie (67,2 milliards d'euros).

c Fermez votre livre. Quelles informations avez-vous retenues sur la Belgique ?

🎧 2 Les communautés linguistiques de Belgique 👂 → Stratégie 10, p. 226

a L'écoute sélective : Ecoutez le texte audio. Indiquez si les phrases ci-dessous sont vraies ou fausses.

	Vrai	Faux
1 Le député-bourgmestre reconnaît que l'expression « communauté française » est une erreur.		
2 Selon le professeur Delperret, le problème en Belgique se résume à une question de langue.		
3 Le code civil belge est semblable au code civil français.		
4 Il y a une importante communauté germanophone en Belgique.		
5 La communauté germanophone est en danger parce qu'elle n'a pas de Parlement.		

Ecoutez le texte audio une nouvelle fois puis répondez aux questions.

Combien y a-t-il d'habitants à Bruxelles ? _____

Combien d'habitants de Bruxelles parlent français ? _____

Combien de Bruxellois parlent néerlandais ? _____

Combien parlent les deux langues ? _____

Quelle(s) langue(s) parle-t-on à Bruxelles ? _____

b L'écoute détaillée : Ecoutez une dernière fois le texte audio et expliquez en quoi consiste le véritable problème selon le bourgmestre.

_____

_____

_____

B4 La déchirure

Le problème belge se résume à... ✏️

→ Stratégie 18, p. 234

a La compréhension du texte : Qui parle quelle langue ? Lisez les 10 premières lignes du texte B4 aux pages 78 – 79 de votre livre et dites si ces groupes de personnes parlent français ou néerlandais.

- les maîtres de la culture et de l'économie au XIXe siècle
- l'Etat, la bourgeoisie, les aristocraties (XIXe siècle)
- le mouvement flamand
- les flamingants
- les villages du Nord (XIXe siècle)
- les « dragons économiques » après 1945
- les « victimes culturelles » après 1945

b Les mots-clés : Lisez le texte B4 en entier. Trouvez pour chaque partie et sous-partie un ou deux mot(s)-clé(s).

Partie 1	l. 1–10	
Partie 2	l. 11–16	
Partie 3	l. 16–22	
	l. 23–26	
	l. 27–36	
Conclusion	l. 37–42	

c Reformulez l'idée principale de chacune de ces parties avec vos propres mots.

d La rédaction du résumé : Rédigez maintenant un résumé structuré du texte en complétant les phrases / débuts de phrases ci-dessous.

Ce texte de _____, tiré du _____, présente _____

Tout d'abord, l'auteur explique comment _____
_____

Puis, il présente l'état actuel _____
_____

Enfin, il cite _____
_____

Pour conclure, il se demande si _____

C1 La nouvelle France

Le débarquement 👁

→ Stratégie 9, p. 225

L'action : Décrivez l'action de la planche de BD à la page 80 de votre livre en vous aidant des mots et expressions ci-dessous.

- le capitaine, l'équipage, les matelots, les Indiens
- quitter le navire, prendre une barque, ramer
- débarquer, accoster
- encourager qn, donner des ordres à qn, obéir aux ordres, désobéir à qn
- élever une croix, se déclarer propriétaire de qc, envahir un pays, opprimer qn, imposer sa culture / sa religion à qn
- être stupéfait, ne rien comprendre

C2 Terre bénie

Heureux qui la connaît, plus heureux qui l'habite...  → Stratégie 12, p. 227

a La structure : Lisez le poème C2 (LE p. 81). Décrivez brièvement la structure de ce poème (strophes, vers).

b Les rimes : Les vers riment-ils ? Si oui, de quelle sorte de rimes s'agit-il ?

☐ Rimes plates   ☐ Rimes alternées   ☐ Rimes embrassées

c Le choix des mots : Quels sont les éléments naturels mentionnés ?

_____

Relevez les adjectifs décrivant la terre canadienne et classez-les selon leur nature abstraite ou concrète.

adjectifs concrets	
adjectifs abstraits	

A l'aide du tableau, présentez les caractéristiques principales de cette terre.

d Les figures de style : Examinez les moyens stylistiques utilisés par le poète.
Pour ce faire, complétez le tableau.

Moyen stylistique	Exemple tiré du poème d'Octave Crémazie
hyperbole	
personnification	
	heureux qui la connaît, plus heureux qui l'habite (v. 9)
	sait vivre et sait mourir (v. 12)

e Décrivez le dessin ci-contre. A quel cliché sur le Québec fait-il allusion ?

C3 La Loi 101

1 Etes-vous des bilingues ou des baragouineux ?

Trouvez dans la grille les mots du champ lexical de la langue correspondant aux définitions ci-dessous.
Les mots – tirés du texte C3 (LE p. 82) – se lisent de gauche à droite et de haut en bas.

P	E	B	P	O	S	S	E	D	E	R	S	T	E	A
R	H	A	B	I	L	I	N	G	U	E	S	A	O	C
O	R	I	A	D	O	R	C	E	R	T	S	N	F	M
T	E	G	P	M	I	N	O	R	I	T	E	G	F	A
E	O	N	P	R	E	N	D	R	E	R	S	L	I	T
C	S	E	R	S	U	R	V	I	E	N	O	O	C	E
T	N	R	E	N	T	E	N	D	E	R	F	P	I	R
I	R	I	N	C	U	L	Q	U	E	R	F	H	E	N
O	A	R	D	E	U	X	I	E	N	E	I	O	L	E
N	P	A	R	L	E	R	S	U	R	T	C	N	L	L
L	U	I	E	R	T	E	S	B	A	T	I	E	E	L
T	R	B	A	R	A	G	O	U	I	N	E	U	X	E
B	E	R	E	S	E	C	O	N	D	E	L	A	N	S

1 la langue que l'on apprend après sa langue maternelle
2 maîtriser une langue
3 enseigner une langue de façon à ce qu'elle se grave dans l'esprit de l'apprenant
4 # disparition d'une langue
5 les anglophones constituent une … linguistique au Québec
6 se dit de qn qui parle parfaitement deux langues
7 personne qui parle anglais
8 mesures pour empêcher la disparition d'une langue
9 la première langue que parle l'enfant
10 s'exprimer oralement dans une langue
11 être immergé dans une langue comme si c'était de l'eau
12 la langue… est reconnue comme langue d'un pays
13 acquérir la connaissance d'une langue (# enseigner)
14 qn qui se débrouille dans une langue étrangère mais ne la parle pas correctement

2 Ce que nous devons défendre, c'est ce que nous risquons de perdre → § 66   → Les pronoms relatifs, p. 11

a Lisez les phrases aux lignes 13 – 15, 16 – 17 et 21 – 24 du texte C3 à la page 82 de votre livre et traduisez-les en allemand.

Comment avez-vous traduit les pronoms relatifs ce qui / ce que ?

b Analysez ces 3 exemples en précisant : – si le pronom relatif a une fonction de sujet ou d'objet ;
– s'il se rapporte à une partie de la phrase ou à la phrase entière.

c A vous ! Complétez le texte ci-dessous avec ce qui / ce que.

1   Les paysages naturels québécois font rêver beaucoup de Français, _____ ne m'étonne pas.

2   _____ je trouve intéressant, c'est que les Québécois emploient certains mots anglais.

3   Les parents ne sont pas sûrs de _____ ils doivent faire pour que leurs enfants maîtrisent deux langues

étrangères. _____ compte, c'est qu'ils ne les mélangent pas.

4   Ils croient _____ les revues de psychologie écrivent.

5   Mon amie a été élevée dans un environnement bilingue, _____ constitue une chance énorme à mon avis.

3 Défense = interdiction ?   → Stratégie 15, p. 231

La défense de la langue justifie-t-elle l'interdiction de parler ou d'apprendre d'autres langues ? (voir Discussion LE p. 82)
Formez des groupes de deux et répondez ensemble aux questions.

a   Les arguments : Quelle position soutiennent ces arguments ?

– accord avec la thèse
(oui, la défense de la
langue justifie
l'interdiction…)

– désaccord avec la thèse
(non, la défense de la
langue ne justifie pas
l'interdiction…)

– Certaines langues menacées ont besoin de mesures strictes pour pouvoir survivre.
– Il faut garantir la diversité culturelle.
– Pour l'intégration des nouveaux immigrés, c'est mieux de se limiter à une seule langue.
– Il faut lutter contre un totalitarisme linguistique avec des mesures fortes.
– Les jeunes peuvent facilement apprendre plusieurs langues en même temps.
– Nous serons confrontés à des problèmes plus tard : plus personne ne pourra parler une langue étrangère et communiquer avec ses voisins.

b Vos arguments et vos exemples : Définissez votre position (êtes-vous d'accord ou non avec cette thèse ?)
Puis choisissez des arguments parmi ceux proposés ci-dessus et complétez-les avec vos propres arguments.
Trouvez pour chacun d'eux un exemple qui l'illustre.

Exemple : Il faut lutter contre un totalitarisme linguistique avec des mesures fortes.
→ L'anglais nous envahit, c'est le seul moyen de défendre le français.

Retrouvez dans cette liste les connecteurs qui vous permettent de relier une affirmation et une explication :

puis – mais – car – ainsi – au contraire – enfin – parce que – de même – c'est pourquoi –
comme – en outre – puisque – par conséquent – pour cette raison – à part cela

Préparez des explications à vos arguments pour pouvoir mieux les défendre.

c Les arguments opposés : Réfléchissez aux arguments possibles de l'autre parti et à ce que vous pourriez y opposer.

d La mise en pratique : A vous de jouer ! Trouvez un groupe qui défend l'opinion opposée. Echangez vos idées sur le sujet.

e Après la discussion : Est-ce que votre opinion a changé au cours de la discussion ? Pourquoi ?

C4 C'est pas français !

1 Shopping ou magasinage ? ◁▷

a Quels sont les mots employés par l'ouvrier québécois sur la bande dessinée à la page 83 de votre live pour dire :

– être à côté de la plaque : _____

– ne pas travailler / être en congé : _____

– faire des heures sup' : _____

– faire une pause : _____

– se presser / travailler à toute vitesse : _____

– être pressé / sous pression : _____

b Retrouvez dans la liste ci-dessous le mot français québécois correspondant au français de France.

pitcher – clavarder – le brake à bras – la fin de semaine – le service au volant – magasiner – un breuvage – le traversier – bargainer – le cellulaire – une gomme (à mâcher) – le stationnement

français de France	français québécois	français de France	français québécois	français de France	français québécois
le portable, le mobile		le frein à main		faire du shopping	
le week-end		une boisson		chatter	
le parking		lancer, jeter		le ferry	
marchander		un chewing-gum		le drive in	

Indiquez d'une croix les mots anglais / qui viennent de l'anglais. Que constatez-vous ?

2 La tabagie québécoise 👂 ◁▷

a Lisez les questions. Puis écoutez une 1ère fois le texte audio et essayez de répondre aux questions.

La personne qui parle
☐ apprend le québécois.
☐ comprend tout ce que disent les Québécois.
☐ ne comprend pas tout ce que disent les Québécois.

A quel français compare-t-elle la langue québécoise ? _____

Sa perception du québécois est-elle positive ou négative ? Justifiez votre réponse.

_____

Elle raconte
☐ une histoire qu'on lui a racontée.
☐ une histoire qui lui est arrivée.
☐ ce qu'elle a vu à la télé.

Expliquez   – comment cette personne a compris le sens du mot québécois « tabagie » :

_____

– ce que ce mot signifie en réalité :

_____

En racontant cette histoire, elle veut montrer
☐ que les Québécois sont très serviables.
☐ que certains mots français ne sont employés qu'au Québec.
☐ que les nouvelles expressions parisiennes ont du succès dans les autres pays francophones.

b Ecoutez le texte audio une 2e fois et complétez vos réponses.

C5 Pour un Québec indépendant ?

 Le combat des indépendantistes   → Stratégie 10, p. 226

a L'écoute sélective : Ecoutez le texte audio. Les affirmations suivantes sont-elles vraies (V) ou fausses (F) ?

	V	F
Au Canada, il faut se méfier des voisins.		
L'Ontario est une province des Etats-Unis où on parle anglais.		
Les indépendantistes québécois ont peur d'être envahis.		
Lors du premier référendum, les Québécois ont voté pour l'autonomie.		
Selon Pierre Caron, les leaders étaient meilleurs avant.		
Il ne pense pas que l'indépendance soit la meilleure solution.		

b Après l'audition : Après avoir répondu aux questions du livre et aux questions de a), réfléchissez en petits groupes aux avantages et aux inconvénients de l'indépendance du Québec.

D1 La fête au village

La tabaski 👁   → Stratégie 4, p. 221

a Pour rendre leurs récits plus vivants, les auteurs littéraires utilisent différents types de discours : le discours direct / le discours indirect / le discours indirect libre.
Comparez les 3 courts textes ci-dessous. Celui de gauche est tiré du texte de M.-F. Ehret à la p. 84 de votre livre (extrait de *Fille des crocodiles*). Dites pour chacun d'eux de quel type de discours il s'agit.

« Ses enfants […] iront à l'école, ils deviendront ingénieur, ou professeur […] ! » (M.-F. Ehret l. 19–20)	Elle se dit que ses enfants iront à l'école, qu'ils deviendront ingénieur, ou professeur.	– Vous irez à l'école, vous deviendrez ingénieur, ou professeur !

Discours _____   Discours _____   Discours _____

Quels éléments vous ont permis d'identifier les types de discours ?

b La perspective narrative : A quelle perspective narrative correspond le type de discours utilisé par M.-F. Ehret ?

☐ Un narrateur omniscient (il est extérieur à l'action)

☐ Un narrateur-personnage (il est subjectif, il emploie la 1ère personne)

☐ Un narrateur effacé (il montre la scène de la perspective d'un personnage, il emploie la 1ère ou la 3e personne)

c Les personnages : Caractérisez les 4 personnages du texte : Sali, Fanta, la Vieille et Assiatou. Trouvez dans la liste suivante des adjectifs pour qualifier chacune d'elles. Justifiez votre choix en citant le texte.

heureuse / malheureuse – chanceuse / malchanceuse – optimiste / pessimiste – progressiste / traditionaliste – décidée / indécise – confiante / soucieuse – bonne / mauvaise – juste / injuste – généreuse / égoïste – digne de confiance / pas digne de confiance – discrète / indiscrète – attentive / indifférente – forte / faible – courageuse / lâche

d Qu'avez-vous appris dans ce texte sur l'Afrique noire francophone ?

D2 Le poids du passé

Une histoire pesante 👁 → Stratégie 8, p. 224

a Le type d'image, le cadre de l'action et la composition : Regardez le tableau à la page 85 de votre livre puis lisez le texte suivant et retrouvez les erreurs qui s'y sont glissées.

Le tableau met en scène un groupe de personnes réunies pour une occasion festive. La scène se passe certainement en France, au Moyen Age. Il s'agit d'une scène d'extérieur : les hommes et femmes se trouvent sur un rocher, en haut d'une colline. On distingue à gauche le mur d'une cabane en pierre et les feuilles d'un bananier, et à l'arrière-plan, une plaine rougeoyante. Tandis que l'arrière-plan se limite à une évocation du paysage, le premier plan présente l'action. Les personnages y sont rassemblés. La scène a lieu dans la journée, le soleil brille. L'espace est divisé en zones d'ombre et de lumière.

b Les personnages et l'action : Continuez l'analyse de ce tableau en décrivant le plus précisément possible les personnages représentés et l'action qui s'y déroule. Aidez-vous du vocabulaire ci-dessous :

l'esclave, l'esclavage – être allongé,e – être attaché,e – être nu,e – le fouet, fouetter

_____

_____

_____

_____

c Vos impressions : Quelles sont vos impressions face à ce tableau ?

_____

D3 Afrique, mon Afrique

1 La place des mots

a Lisez le poème aux pages 85 – 86 de votre livre. Commentez la place du participe passé au vers 7.

_____

Commentez la place de l'adverbe au vers 17.

_____

b Relisez les vers 17, 19 – 20 et 21 – 22. Précisez sur quels mots portent les 4 adverbes de ces 3 exemples.

– _____   – _____

– _____   – _____

2 Le poids de chaque mot 👁 → Stratégie 12, p. 227

a Le choix des mots : Recopiez la 1ère partie du poème (vers 1 – 5) en changeant un mot de votre choix. Veillez cependant à changer un adjectif par un adjectif, un nom par un nom…

b Mettez-vous par deux. Lisez l'extrait de poème de votre partenaire et discutez des effets du changement de mot.

c Renouvelez l'exercice avec la 2e partie (vers 6 – 16) puis avec la 3e partie (vers 17 – 24).

D4 Y en a marre !

 L'Afrique se fait entendre   → Stratégie 12, p. 227

a   Le ton : Lisez le texte de la chanson de Tiken Jah Fakoly. Trouvez quelques adjectifs qui qualifient le ton des paroles.

b   La musique : En petits groupes, imaginez une musique qui accompagne bien ces paroles.
Puis comparez votre musique à celle de la chanson.

c   Le clip : Regardez le clip de Tiken Jah Fakoly sur Internet. A votre avis, véhicule-t-il les idées principales de la chanson ?

D5 Léopold Sedar Senghor

Une personnalité littéraire et politique 👁   → Stratégie 22, p. 238

a   Vous devez préparer un exposé sur Léopold Sedar Senghor (LE p. 87). Pour chacun des aspects mentionnés ci-dessous, trouvez 2 – 3 questions auxquelles votre exposé devrait répondre.

– sa biographie
– son œuvre littéraire + la « négritude »
– ses activités politiques + son engagement pour la Francophonie

b   Ayant lancé une recherche concernant Senghor sur google, vous obtenez la liste des sites suivants. Ceux-ci vous semblent-ils fiables ? Pourquoi ?

fr.wikipedia.org – www.radiofrance.fr – www.academie-francaise.fr – www.evene.fr – www.senghor.francophonie.org – www.capsurlemonde.org – www.institutfr-dakar.org – www.assemblee-nationale.fr – www.tv5.org

c   A vous ! Recherchez sur les sites qui vous semblent fiables les réponses à vos questions.

La francophonie – Vocabulaire

La liste suivante vous propose un choix de mots qui sont tirés des textes du module et qu'il serait bon de connaître.

Choisissez cinq mots qui vous semblent difficiles à retenir.

hispanophone spanischsprachig
germanophile deutschfreundlich
francophobe französischfeindlich
A1 mesurer messen
amener à führen zu
la perte Verlust
notamment vor allem
hors de außerhalb
croissant,e wachsend
assumer stehen zu
l'écrasement *m.* Zerquetschung ;
   Unterdrückung
en faveur de qc zugunsten
la défense Abwehr, Verteidigung
l'uniformisation Vereinheitlichung
la disparition Verschwinden
B2 éteindre (aus)löschen, ausschalten
embellir verschönern
le fer Eisen
une allusion Anspielung
une résidence Wohnsitz
B3 multilingue mehrsprachig

le PIB BIP
B4 la sidérurgie Stahlindustrie
la puissance Macht
un prêtre Priester
balayer fegen
accoucher de entbinden
le rayonnement Ausstrahlung
ne… guère nicht viel / sehr
une victime Opfer
C1 une baie Bucht
une barque Boot
gare à … Vorsicht … !
empêcher (qn de faire qc) hindern
C2 béni,e geweiht
un don Gabe
enchanté,e verzaubert
les cieux *m.* Firmament
les aïeux *m.* Vorfahren
C3 la douane Zoll
une minorité Minderheit
la survie Überleben
D1 chômer nicht arbeiten

le riz Reis
cueillir pflücken, ernten
éplucher schälen
un pli Falte
une tache Fleck
le rein Niere
la bienveillance Wohlwollen
se confier (à qn) sich anvertrauen
la nourriture Nahrung
redouter qc/qn befürchten
D3 à travers durch; über
la sueur Schweiß
un fouet Peitsche
amer, amère bitter
une saveur Geschmack
D4 assassiner ermorden
opprimer unterdrücken
affamer aushungern
l'abolition *f.* Abschaffung
la foi Glaube
réclamer qc fordern
un orphelin Waise

Etranges étrangers

6

a Trouvez le plus de mots possible avec les lettres du mot « étranger » (sans tenir compte des accents).

Exemple : être, rang, nager…

b Ecrivez un petit texte sur le sujet « les étrangers » ; essayez d'employer tous vos mots.

A1 Mon immeuble

1 Sigles

Cochez la bonne signification.

HLM	hôpital laïc et moderne	☐	ANPE	Association nationale pour les étrangers	☐
	habitation à loyer modéré	☐		Accord national sur le pouvoir écologique	☐
	hôtel loin de la mer	☐		Agence nationale pour l'emploi	☐
RMI	revenu maximum des immigrés	☐	EDF	l'Europe digne et féminine	☐
	revenu minimum d'insertion	☐		Electricité de France	☐
	repas mensuel indispensable	☐		Etude démographique flamande	☐
CV	cours de la vie	☐	SNCF	Service national des chiens fidèles	☐
	cultura vini	☐		Système numérique de classification fiscale	☐
	curriculum vitae	☐		Société nationale des chemins de fer	☐

2 Les commérages

→ Stratégie 1, p. 218   → §§ 80–83   → Le discours indirect, p. 23

a La lecture détaillée : Dans les immeubles, les voisin(e)s parlent beaucoup des uns et des autres !
Voici quelques exemples de commérages. Relisez le texte A1 (LE p. 90) et dites de quel locataire il est question.

« Au prix auquel elle les vend, elle ne gagne pratiquement rien ! »   _____

« Cela a dû être un choc pour le pauvre gamin ! »   _____

« Toujours cette odeur ! Ils pourraient cuisiner autre chose de temps en temps ! »   _____

« Elle s'est encore disputée avec une de ses amies. Mais sa colère ne dure jamais
très longtemps. »   _____

« Je me demande comment elles font pour ne pas être jalouses les unes des autres ! »   _____

« Elle s'est sûrement barrée parce qu'avec tous les problèmes qu'il avait,
il s'était mis à boire de plus en plus. »   _____

« Je ne comprends pas pourquoi elle ne s'habille pas comme nous –
elle habite en France, quand même ! »   _____

« Je ne sais pas ce qu'il a, il est bizarre. Il ne m'a jamais regardé dans les yeux. »   _____

b Mettez-vous par deux et imaginez au moins une réplique aux propos ci-dessus.
Présentez ensuite votre mini-dialogue devant la classe. Essayez de montrer votre réaction envers
l'attitude de la personne en question : est-ce que vous êtes amusé(e), indigné(e), énervé(e), étonné(e)…
par son comportement ?

c Encore plus de commérages : Une voisine a entendu votre discussion. Elle rapporte la scène à son amie.
Rapportez les remarques de a) et les réponses de b) au style indirect.

Exemple : Tu sais quoi ? Elle a dit qu'au prix auquel elle les vendait, elle ne gagnait pratiquement rien !
L'autre a répondu que…

A2 Portraits

Deux amies qui ne se ressemblent pas !

→ Stratégie 8, p. 224

a Regardez la première photo et lisez le texte ci-dessous.

Caroline a de longs cheveux bruns qu'elle laisse détachés la plupart du temps. Elle a le teint mat, on lui demande d'ailleurs souvent si elle a des origines étrangères. Elle a un visage ovale et de grands yeux noirs rieurs. Sa bouche est assez grande et elle sourit souvent. Les garçons, qui aiment la faire rire, la trouvent très séduisante. Quand elle entre dans un café avec son tee-shirt vert vif décolleté et son jean moulant, tous les regards se tournent vers elle. Caroline ne sort jamais sans bijoux : elle adore en particulier les grandes boucles d'oreille en argent. Elle est très féminine ; comme elle a l'air mature, on lui dit souvent qu'elle fait plus vieille que son âge.

Bref, c'est une jeune fille ravissante dont tout le monde aime la compagnie parce qu'elle est spontanée et optimiste. Son caractère extraverti et ouvert en fait quelqu'un de très sociable.

Les gens ont du mal à comprendre pourquoi elle et Clara sont inséparables. Clara est vraiment le contraire de Caroline.

b Regardez la deuxième photo et faites le portrait de Clara.

_____

_____

_____

_____

_____

_____

_____

_____

_____

B1 Gaffe aux stéréotypes !

1 Séance de lecture

→ Stratégie 9, p. 225

a Le cadre et les personnages.
Regardez bien la première vignette de la BD de M. Kichka à la page 92 de votre livre. Où se passe la scène ? _____
Les personnages en sont absents. A votre avis, qui sont-ils ? Imaginez d'où ils viennent.

_____

Décrivez la deuxième vignette ; essayez d'y retrouver le propriétaire de chaque manteau.
Que révèlent les traits des personnages sur le style de la BD ?

_____

b Les bulles : Lisez les deux premières bulles. Quelle sorte de texte la jeune femme veut-elle lire aux enfants ? Justifiez votre réponse. Que connaissez-vous comme textes de la sorte ?

c Les personnages sur les 3 vignettes : Les adjectifs suivants devraient vous permettre de décrire l'expression des visages des enfants. Sur quelle vignette (la 2, la 3 ou aucune 0) les enfants ont-ils l'air…

mécontent (3), indifférent ( ), en colère ( ), découragé ( ), curieux ( ), timide ( ),
révolté ( ), ennuyé ( ), désespéré ( ), amusé ( ), passionné ( ), déçu ( ), intéressé ( ),
sceptique ( ), concentré ( )

Trouvez pour chaque adjectif le nom correspondant.
Puis formez des phrases sur le modèle suivant :

Exemple : Sur la troisième vignette, les enfants ont l'air mécontent. Leurs visages expriment le mécontentement.

_____
_____
_____
_____
_____

Précisez comment le dessinateur évoque ces différentes humeurs.

_____

Expliquez pourquoi les expressions des enfants changent de la deuxième à la troisième vignette.

_____

d Les bulles de la vignette 3 : Relevez sur la 3ᵉ vignette la phrase vraisemblablement prononcée par :

– un enfant qui vit dans une cité : _____

– un enfant noir / d'origine africaine : _____

– un enfant musulman : _____

– un enfant juif : _____

Le niveau de langue utilisé correspond-il vraiment à des enfants ? Complétez le tableau ci-dessous par des exemples tirés des bulles de la vignette 3 :

Langage enfantin	Langage des jeunes	Langage adulte

Sur quoi portent les remarques des enfants ? Résumez en une phrase le problème que leur pose cette histoire.

_____

2 Un conte interculturel

Ecrivez un conte interculturel correspondant aux attentes des enfants.
Faites attention à prendre en compte toutes les cultures représentées !

B2 J'aime pas les Arabes

1 Attention aux clichés ! 👁 ◁I▷

→ Stratégie 1, p. 218

a Devinez de quelle nation on parle quand on dit :

Ils boivent beaucoup de thé et adorent leur reine. _____

Un repas sans baguette est inimaginable pour eux. _____

Dans leur pays, où il fait souvent très froid, on trouve des élans. _____

Ils portent des sabots et cultivent des tulipes. _____

Ils mangent des pâtes à tous leurs repas. _____

Ils peuvent boire beaucoup de vodka sans être ivres. _____

Ils ont du ventre à force de boire de la bière. _____

Depuis une célèbre enquête, on dit qu'ils ont les élèves les plus intelligents. _____

Ce sont les spécialistes des frites. _____

Connaissez-vous d'autres clichés ?

b Choisissez spontanément parmi les mots et expressions suivants ceux qui se rapportent plutôt aux Français et ceux qui, pour vous, évoquent plutôt les Arabes (attention : ce sont peut-être des clichés !).

La Bastille – le couscous – les cheveux blonds –
le teint basané – Victor Hugo – le désert –
les immigrés – le chômage – les droits de l'homme –
Notre-Dame – l'islam – le foulard – la banlieue –
Zidane – le mariage forcé – Molière – le terrorisme –
la fraternité – le ramadan – la baguette –
un beur – les cheveux crépus – vivre en marge
de la société – la délinquance – la misère –
l'égalité – la solitude – la liberté – l'intégration.

EXIL, Ô ÉTERNELLE ÉPREUVE OÙ L'ON RENAIT, HUGO, CHATEAUBRIAND, ROUSSEAU ET DU BELLAY...

C'EST ÇA, DU BALAI !

CÉODART-BERTIN

du balai ! raus!, weg damit!

c Discutez de vos résultats en classe.
Pensez-vous être victime de clichés ?

d La lecture sélective : Relevez les mots que la narratrice utilise pour décrire les Français et les Arabes (LE p. 93).
Comparez-les avec vos résultats.

2 Moi, je ne les aime plus... Eux, ils le savent.

→ §§ 53 – 55, 58, 60 – 61 → Les pronoms sujets et objets – Les pronoms personnels disjoints, p. 6

a Remplacez les groupes de mots soulignés par le pronom qui convient.

1 Les Français ont peur que les étrangers volent le travail aux Français.

_____

2 Les Français ont peur que les étrangers volent le travail aux Français.

_____

3 Les Français ont peur que les étrangers volent le travail aux Français.

_____

b   Complétez les phrases avec le pronom personnel indiqué. Faites attention à l'insérer au bon endroit dans la phrase.

1   Il   ne   comprend   pas   . (*1ère personne du singulier, objet direct*)
2   Ils   ont   fait   souffrir   . (*3e personne du singulier, objet direct*)
3   J'   ai   dit   qu'ils étaient injustes. (*3e personne du pluriel, masculin, objet indirect*)

c   Complétez le texte à trous avec le pronom qui convient.

Moi, je suis Française. Et Ahmed ? _____ , il est Arabe. Tu connais sa sœur Rachida ? C'est une jolie fille

qui est très sûre d(e) _____ . Certains Français pensent que les Arabes devraient rester chez _____ .

Mon grand-père m'a toujours dit : Il faut arrêter de ne penser qu'à _____ et regarder autour de

_____ pour essayer de comprendre les problèmes des autres.

3   Liens logiques ✎

→ Stratégie 16, p. 232

Les charnières : Reliez les phrases suivantes en employant la charnière qui convient.

1   Elle dit qu'elle n'aime pas les Arabes. Elle-même en est une.

_____

2   Leurs habitudes culturelles l'agacent. Elle voudrait vivre loin d'eux.

_____

3   Elle est Française. Elle doit toujours expliquer de quelle origine elle est.

_____

4   Elle n'est pas une terroriste. Elle ne comprend pas pourquoi elle leur fait peur.

_____

B3 C'est quoi, être intégré ?

1   C'est quoi, l'intégration ?

Trouvez des mots (verbe, adjectif, nom) commençant par chacune des lettres du mot « intégration »
et qui en décrivent un aspect.

INTEGRATION

I comme inviter à boire un café…
N comme…

2   Mémoires d'immigrés

→ Stratégie 10, p. 226

a   Avant l'audition : à l'aide des informations communiquées dans votre livre à la page 94, faites quelques hypothèses
sur le contenu du texte audio.

b   L'écoute globale : Ecoutez le texte une 1ère fois, puis répondez aux questions :

Qui parle (un homme, une femme, un jeune, un adulte) ?
De quelle origine semble être la personne ? A-t-elle un accent ?
Avez-vous repéré un ou deux mots-clés ? Si oui, lequel / lesquels ?

c   L'écoute sélective : Ecoutez le texte une 2ᵉ fois. Les phrases suivantes sont-elles vraies ou fausses ?

La personne dit qu'elle…	vrai	faux		vrai	faux
a la chance de ne pas être au chômage.			va faire la fête avec des gens d'autres religions.		
paie trop d'impôts.			ne peut pas participer à la fête cette année parce qu'elle a volé un mouton.		
a du mal à payer son loyer.			va inviter ses collègues de bureau à cette fête.		
va bientôt participer à une fête religieuse.			a besoin d'une carte grise pour ses moutons.		

Soulignez la bonne réponse.

[…] Normalement c'est une fête, c'est la fête du patron/bordeaux/pardon…

On est obligés d'aller à 60/100/200 km pour tuer un mouton.

Répondez aux questions.

La personne qui parle est musulmane. Qui lui a transmis sa religion ? Comment définit-elle l'islam ?

d   Après l'audition : Ahmed Djamaï a-t-il le sentiment d'être intégré ? L'est-il à votre avis ?

B4 Le vrai problème

1   La case intégration   → § 36

« Il devra passer par la case intégration » (N. Dendoune, LE p. 94, l. 18 – 19)

a   Qu'exprime le futur dans cette phrase ? (voir p.121, si besoin)

b   A vous ! Imaginez ce que cela représente concrètement pour un enfant. Employez le futur simple.

 ## 2   « Français sans-rien-derrière »   → Stratégie 10, p. 226

a   Avant l'audition : Relisez les dernières lignes du texte de N. Dendoune (LE p. 94) et expliquez ce qu'est un « Français sans-rien-derrière ».

b   L'écoute globale : Ecoutez le texte audio une 1ᵉʳᵉ fois. Comment s'appelle l'association présentée dans cet extrait ? Qui s'y engage ?

c   L'écoute sélective : Ecoutez le texte une 2ᵉ fois. Soulignez les mots qui y sont employés.

initiative – invisible – sans issue – banlieue – immigration – identité – société – manifester – préjugé – désorienté – gauloise – bosser – maladie – proposition – multiculturel – balade – religion – frontière – question – réflexion

Indiquez si les phrases ci-dessous sont vraies ou fausses :

	V	F		V	F
Cette association est composée de jeunes exclus.			Ces jeunes sont nés en France, le terme d'immigration ne leur convient pas.		
Elle dénonce certaines expressions utilisées couramment qui laissent entendre que l'immigration serait une sorte de maladie.			Etant enfants, ils ont été confrontés au racisme.		
			Pour eux, le caractère multiculturel de la société est tout à fait normal.		

d L'écoute détaillée : Ecoutez le texte une 3ᵉ fois. Expliquez pourquoi les jeunes de cette association ont ressenti le besoin urgent de « poser une réflexion sur la question de l'identité ».

e Après l'audition : Mettez-vous en groupes. Rassemblez les mots / expressions que vous connaissez pour désigner les jeunes dont les parents ou grands-parents ont immigré en France. Lesquels trouvez-vous discriminants ? Lesquels vous semblent « politiquement corrects » ? La question du vocabulaire se pose-t-elle aussi en allemand ?

3 Et l'intégration en Allemagne, ça donne quoi ?

→ Stratégie 21, p. 237

Le père de votre ami français travaille à la mission intégration de la mairie. Pour son travail, il recherche des informations sur l'intégration en Allemagne. Comme il ne parle pas allemand, il vous demande de l'aider.
Vous vous appuyez sur l'article ci-dessous pour lui répondre.

Du deutsch?

Ihre Eltern kamen aus der Türkei oder dem Iran, sie selbst sind hier längst heimisch geworden. Sie beherrschen die Sprache, studieren oder arbeiten. Sie sind Beispiele gelungener Integration. Und doch lässt man sie spüren, dass sie nicht dazugehören. Wer aussieht wie ein Ausländer, wird behandelt wie ein Ausländer. Vier Migranten-Kinder erzählen von ihren ganz alltäglichen Problemen – als Fremde im eigenen Land.

Nadja Rahma Garni

Mein Name ist Nadja Rahma Garni, ich bin 23 Jahre alt. Ich komme aus Marokko. Ich denke, wenn man in Deutschland aufgewachsen ist mit einem Migrationshintergrund ist es enorm schwierig, zwischen Zuhause-Kultur und draußen, Straßen-Kultur, einen Weg zu finden. Das Richtige zu tun. Richtig zu handeln. Mich stören am meisten die kleinen Dinge hier. Sticheleien, wenn man an der Kasse im Supermarkt steht und sich andere vordrängeln – wie selbstverständlich. Oder beim Arzt sitzen, auch da drängeln sich die Leute vor. Behandeln mich wie Luft. Dann nehme ich mich immer zurück, weil ich mir denke, der Klügere gibt nach.

Özgür Obali

Ich bin 25 Jahre alt. Mein Vater ist 1962 als einer der ersten Gastarbeiter aus der Türkei an eine Hamburger Werft gekommen. Auf dem Gymnasium war ich der einzige Türke in der Klasse. Wurde immer als Özgür, der Türke, angeredet. Bei Auseinandersetzungen hieß es dann gleich: Scheiß-Türke, Scheiß-Ausländer. Deshalb war ich in meiner Freizeit fast nur mit Ausländern zusammen. Mir passiert es immer wieder, in Hamburg wie in Köln, dass ich in eine Straßenbahn oder U-Bahn steige, auf einem der Viererplätze sitzt eine Dame, die Handtasche locker neben sich. Ich setz mich auf den schräg gegenüber liegenden Sitzplatz. Das Erste, was sie tut, ist ihre Tasche direkt an sich ranzuziehen. Als ob ich als Nächstes mitsamt ihrer Tasche aus dem Zug springen würde. Darüber, ob ich Türke oder Deutscher bin, denke ich gar nicht mehr nach. Versuche stattdessen, die Sache ein bisschen diplomatisch anzugehen, indem ich mich als Weltbürger bezeichne.

Mehdi Haris

Mein Name ist Mehdi Haris, ich lebe jetzt schon länger in Deutschland, als ich je im Iran gelebt habe. Ich arbeite als Tanzlehrer, bin viel gereist. Der Witz ist, dass ich im Ausland überhaupt nicht als Ausländer gesehen werde. In New York ist man mit mir umgegangen wie mit einem Amerikaner, in der Türkei wie mit einem Türken. Auch in Spanien hat man mich für einen Spanier gehalten und sofort spanisch mit mir gesprochen. Da wundert es mich schon, wieso ich in Deutschland nicht als Deutscher behandelt werde. Zum Beispiel, wenn ich am Wochenende mit Freunden in eine Disco gehen will. Das geht nicht. Man kann getrost sagen, in die meisten Diskotheken oder Clubs in Köln kommt man als ausländisch aussehender Gast gar nicht erst rein. Ich hab das persönlich erlebt. Es wird dann damit gegründet, dass die Regeln eben so wären, nur zwanzig Prozent Ausländer dürfen rein. Ganz strikt und klar. Das wirkt sich natürlich sehr negativ auf die Persönlichkeit eines Menschen aus. Der Abgewiesene denkt dann: Wieso werde ich hier als Mensch zweiter Klasse behandelt?

Nazli Mahjoubi

Wenn man mich fragt: „Wo kommst du her?", sage ich immer: „Ich komme aus Köln", und nicht: „Ich komme aus dem Iran." Es gibt Vorzüge des Deutschseins, Vorzüge des Iranischen. Ich habe so viele Kulturen schon kennen gelernt, und immer noch nicht die richtige für mich gefunden. Als Kind wurde ich nie von deutschen Klassenkameradinnen zum Geburtstag eingeladen. Die Einzige, die mich einlud, war Hülla, eine Türkin. Als ich die anderen einmal einlud, kamen sie eher widerwillig, haben unser Essen nicht angerührt. Das war schon ein komisches Gefühl.

© Ingrid Müller-Münch, 2008 (gekürzt)

B5 L'inégalité à l'embauche

1 Test de langue et de civilisation

Le directeur du personnel d'une grande entreprise française a eu une nouvelle idée : il a créé un test
auquel chaque candidat doit se soumettre.
Seulement ceux qui auront la moyenne seront pris en considération. A vous de jouer !

Test de civilisation française

1 Louis XIV était appelé… ?
2 Endroit où on paye quand on quitte l'autoroute.
3 Vin mousseux français très cher bu lors de grandes occasions.
4 Française d'origine polonaise ayant reçu le prix Nobel de chimie.
5 Capitale historique de l'Alsace où se trouve le Conseil de l'Europe.
6 Le proviseur d'un lycée français peut-il interdire à une élève maghrébine de venir en cours avec un foulard ?
7 Nom du premier Président de la Ve République française.
8 Ancienne colonie avec laquelle la France était en guerre jusqu'en 1962.

Test de langue française   Cochez la phrase correcte.

1 C'est moi qui suis le chef. □	5 Je me suis présenté(e) au directeur. □
C'est moi qui est le chef. □	Je m'ai présenté(e) au directeur. □
2 Les lettres – vous m'avez les rendues ? □	6 Elle pense toujours à lui. □
Les lettres – vous me les avez rendues ? □	Elle lui pense toujours. □
3 Il est important que vous signez la lettre. □	7 Depuis qu'il est en retraite, il manque les collègues. □
Il est important que vous signiez la lettre. □	Depuis qu'il est en retraite, ses collègues lui manquent. □
4 Je n'ai entendu rien. □	8 Je ne comprends pas que vous voulez dire. □
Je n'ai rien entendu. □	Je ne comprends pas ce que vous voulez dire. □

2 Votre avis compte !

Le ministère des Affaires étrangères prépare une exposition sur les étrangers qui vivent en France. Dans ce but, le ministère
demande aux élèves de français d'autres pays européens de s'exprimer sur son site Internet sur le sujet suivant :
Pour ou contre un test de langue et de civilisation françaises pour les étrangers souhaitant vivre en France ?
Votre texte contiendra 250 mots environ.

3 Abdul-Aziz du 16^e

a Dégagez le problème soulevé par le document.
b Présentez votre opinion sur le sujet.
c Répondez aux questions de l'examinateur qui vous sont posées sur le CD

**La France, une société multiculturelle ouverte et tolérante ? Malheureusement, il y a encore
du chemin à faire…**
Abdul-Aziz est un enfant du 16e*. D'origine sénégalaise, il s'est inscrit à Dauphine en économie. Plus
tard, Abdul-Aziz aimerait être trader, puis retourner au Sénégal pour « investir dans l'industrie et aider au
développement ». Récemment, il a dû faire un stage. « Mon père n'a pas voulu me pistonner. Je n'ai reçu
aucune réponse à mes CV, contrairement à tous mes camarades de classe. » Abdoul-Aziz a compris plus tard
pourquoi son père avait refusé de l'aider. Pour qu'il prenne conscience de « ça » : dans le monde du travail,
même un black du 16e reste un black.

Marie-France Etchegoin, *Le nouvel Observateur*, 10.04.08 (texte abrégé)

* **le 16e**   16e arrondissement de Paris où habitent surtout des gens riches

4 Entraînement à l'entretien d'embauche

« Jeunes en vacances »

Centre de vacances international sur la Côte d'Azur recherche jeunes motivés pour travail d'animation en colonie de vacances ; âge minimum 16 ans.

Lisez l'annonce. Pour vous préparer à un entretien d'embauche pour ce poste, mettez-vous par deux et jouez chacun votre tour le rôle du candidat en suivant les étapes proposées ci-dessous :

Le chef du personnel

1 Bonjour mademoiselle/monsieur !
3 Vous vous appelez comment ? Et vous avez quel âge ?
5 Vous n'êtes pas Français(e), n'est-ce pas ?
7 Comment est-ce que vous avez eu les informations concernant ce poste ?
9 Pourquoi est-ce que ce poste vous intéresse ?

11 Est-ce que vous avez déjà travaillé avec des jeunes ?

13 Quelles qualités particulières est-ce qu'il faut avoir quand on veut travailler avec des jeunes, d'après vous ?
15 Est-ce que vous avez aussi des défauts ?
17 C'est important de savoir ce qu'on veut !
19 Bon. Je vous remercie, mademoiselle/monsieur. Vous aurez bientôt de mes nouvelles.

Le candidat

2 *Begrüßt den Personalchef.*
4 *Sagt Namen und Alter.*
6 *Informiert über Herkunft.*
8 *Sagt, dass er/sie die Annonce im Internet gesehen hat.*
10 *Nennt die Gründe: reist gern; will Sprachkenntnisse verbessern.*
12 *Sagt, dass er/sie Erfahrungen hat: Geschwister (evtl.), Babysitter; Jugendcamp.*
14 *Nennt als benötigte Qualitäten Humor, Geduld, Verständnis und ein bisschen Autorität.*
16 *Sagt, dass er/sie manchmal etwas dickköpfig ist.*
18 *Stimmt dem zu.*
20 *Bedankt sich auch und äußert die Hoffnung, dass er/sie die Stelle bekommt.*

C1 Nouveau Français

Ni plus ni moins qu'un enfant de la France

→ Stratégies 10 + 12, p. 226 + 227

a Le genre musical : Ecoutez la chanson une première fois. Nommez le genre musical ; pour cela, choisissez dans la liste ci-dessous le terme qui convient (plusieurs réponses sont possibles) :

C'est… du rock / du reggae / de la pop / de la soul / du rap / du R&B / de la variété / du jazz / de l'électro ?

Quand Amel Bent chante, dans son refrain, « un enfant de la France », la musique évoque un autre genre musical, très différent du style général de la chanson. L'avez-vous reconnu ?

b L'écoute sélective : Ecoutez encore une fois la chanson et cochez parmi les mots ci-dessous ceux que vous entendez :

fichu ☐   fiché ☐   phase ☐   intégration ☐
immigration ☐   préjugés ☐   clichés ☐   chapeau ☐
drapeau ☐   endroit ☐   envers ☐   pays ☐
problèmes ☐   racisme ☐   histoires ☐

Quel mot rime avec « la France » dans la chanson d'Amel Bent ?

c Après l'audition : Pourquoi le dessin de Plantu ci-contre illustre-t-il bien la chanson ?

C2 Rafik et Kader

La perspective de Kader

→ Stratégie 16, p. 232

Les charnières : Continuez ce début de texte écrit du point de vue de Kader (voir texte LE p. 96 – 97).
Utilisez des charnières qui expriment la comparaison et / ou l'opposition :

Quand j'étais jeune, j'habitais avec ma famille à Aubervilliers dans une cité grise et triste.
Mes parents étaient d'origine algérienne. Je vivais là avec mon frère aîné, Rafik. On s'entendait bien
tous les deux, mais on ne se ressemblait pas. Tandis que Rafik…

C3 Une formidable richesse musicale

Qui suis-je ?

→ §§ 74 – 79

Travaillez à deux. Préparez une interview avec un chanteur / une chanteuse connu(e) – faites des recherches sur Internet
si besoin. Faites attention à ne pas dire son nom : c'est à vos camarades de classe de le trouver.
Posez des questions sur les aspects suivants :

son âge – son origine – le début de sa carrière : son premier tube – son groupe (éventuellement) – ses grands succès –
son genre de musique préféré – les sujets de ses chansons – ses concerts, ses passages à la télé – ses projets d'avenir

C4 Je veux vivre

Vive Faudel !

→ § 39   → Le subjonctif, p. 15

a   Trouvez 4 verbes au subjonctif dans le texte de la chanson de Faudel (LE p. 99).

b   Et vous ? Formez des phrases selon le modèle 1 et selon le modèle 2.

   1 Je veux vivre pour que mes enfants aient quelqu'un sur qui compter *(zwei Subjekte: pour que + Subjonctif)*
   2 Je veux vivre pour connaître l'amour *(ein Subjekt: pour + Infinitif)*

C5 Apprendre à échanger

Mots camouflés

Retrouvez dans la grille les mots du texte C5 (LE p. 100) correspondant aux définitions ci-contre
(ils se lisent de gauche à droite, de droite à gauche, de haut en bas, de bas en haut ou en diagonale).

N	O	I	S	N	E	H	E	R	P	M	O	C	N	I	E
E	C	E	W	E	R	D	E	I	C	O	U	R	A	G	E
C	H	T	C	O	G	L	A	N	O	S	L	A	R	R	L
A	S	P	I	R	E	R	T	T	U	E	P	N	A	I	I
S	N	I	T	P	A	K	I	E	T	A	N	A	I	R	E
N	F	L	E	I	N	N	S	R	U	M	A	R	G	E	N
O	I	E	S	A	D	I	G	P	M	A	L	E	N	N	O
Z	N	S	E	R	I	E	S	E	E	M	R	O	E	I	E
I	D	N	U	I	R	E	R	L	S	E	E	M	B	E	E
R	E	A	S	S	I	M	I	L	A	T	I	O	N	R	S
O	N	G	T	R	A	V	A	E	L	S	E	R	A	E	T
H	G	U	E	B	O	B	A	R	R	I	E	R	E	T	S

1 Autre nom pour les quartiers de banlieue
2 Habit traditionnel des femmes africaines
3 Action d'identification avec les autres,
   au prix parfois de sa propre culture (nom)
4 Nom de ce manuel de français
5 Avoir le désir de faire qc (verbe)
6 Aliment cuisiné
7 Ne pas reconnaître comme sien (verbe)
8 Obstacle
9 Susciter un intérêt chez qn
10 Méconnaissance, indifférence

C6 Communautarisme : danger !

Questions à Rachida → §§ 74 – 79

a Quelles questions allez-vous poser à Rachida (voir Discussion LE p. 101) pour :

– connaître les raisons de son choix : _____

– savoir si quelqu'un l'a influencée : _____

– savoir ce que signifie pour elle le port du voile : _____

– savoir si elle a pensé aux conséquences de cette décision : _____

b Vous aimeriez écrire un reportage sur Rachida dans votre journal scolaire. Dans ce but, vous aimeriez
qu'elle s'exprime sur les sujets suivants : la laïcité et l'identité. Réfléchissez aux questions que vous pourriez
lui poser pour l'amener à parler de ces thèmes.

C7 Les premiers rôles

Interview 👄 → §§ 53 – 55, 57 – 58, 74 – 79 → Les pronoms sujets et objets p. 6 ; les pronoms adverbiaux y / en p. 18

Formulez oralement les questions du journaliste. Pour ce faire, utilisez des questions directes (sans est-ce que).
Puis répondez à la place de la personne interrogée (voir texte LE p. 102). Pensez à employer des pronoms pour éviter
les répétitions dans les réponses.

Le journaliste veut obtenir des informations sur…

Salem Kacet	Harry Roselmack	Rachida Dati
• son âge à son arrivée en France • la raison de son départ de Kabylie • l'importance de l'école pour sa carrière professionnelle • la façon dont il a fait carrière	• la date de sa première présentation du journal télévisé de 20 heures • son origine	• son rôle dans le gouvernement Sarkozy • la particularité de son rôle (comparé à celui qu'avait A. Begag dans le gouvernement précédent)

Exemple : – A quel âge êtes-vous arrivé en France ?   – J'y suis arrivé à 8 ans / J'avais 8 ans quand j'y suis arrivé.

C8 Le dernier immigré

1 La France respire 👁 → Stratégie 1, p. 218

a La lecture sélective : Lisez le texte à la page 103 de votre livre. Cochez les phrases correctes :

Le dernier immigré a quitté la France. ☐

Le gouvernement est sûr de pouvoir régler les inconvénients causés par le départ des immigrés. ☐

Le dernier immigré était triste de devoir quitter la France. ☐

La France a voulu se débarrasser des immigrés. ☐

Les hommes politiques étaient d'avis que les immigrés posaient trop de problèmes à la France. ☐

Le premier ministre était furieux. ☐

Le départ des immigrés a provoqué certains changements dans la vie quotidienne des Français. ☐

Le renvoi des immigrés est ressenti comme une libération du pays. ☐

Le texte décrit une situation actuelle. ☐

L'auteur est d'avis qu'il faut renvoyer les immigrés. ☐

b La lecture détaillée : Relevez dans le texte accompagnant le dessin de Reiser et dans le texte de T. Ben Jelloun toutes les conséquences du départ des immigrés.

_____

_____

_____

2 S'ils partaient tous, que se passerait-il ? → § 90   → Les phrases conditionnelles, p. 8

a Complétez la phrase suivante avec les conséquences que vous avez relevées dans l'exercice 2 (question b) en employant le conditionnel :

Si, un jour, tous les immigrés partaient, _____

_____

_____

_____

b Et s'ils n'avaient pas été renvoyés ? Complétez la phrase ci-dessous.

Si tous les immigrés n'avaient pas été renvoyés, _____

_____

_____

Une société multiculturelle – Vocabulaire

La liste suivante vous propose un choix de mots qui sont tirés des textes du module et qu'il serait bon de connaître.

Relevez 3 adjectifs. Trouvez le contraire de chacun de ces adjectifs.

A1 un retraité Rentner
croiser qn begegnen
une tenue Bekleidung; Haltung
allongé,e liegend
sans ressource ohne Mittel
un foulard Kopftuch
se réconcilier sich versöhnen
un F5 Wohnung mit 5 Zimmern
la bouffe _fam._ Essen, Nahrung
congeler einfrieren
B1 un voile, Schleier
voilé,e verschleiert
une déclaration Erklärung, Aussage
B2 mériter verdienen
un gamin _fam._ Kind
B4 un gosse _fam._ Kind
un môme _fam._ Kind
le droit du sol Geburtsortsprinzip
une case (Spiel-)Feld; Kästchen; Fach; Hütte

basané,e braungebrannt, dunkelhäutig
B5 l'embauche Einstellung
une candidature Bewerbung
postuler à /pour sich bewerben um
traiter qn behandeln
un entretien (Vorstellungs-)Gespräch
un mensonge Lüge
punir bestrafen
une amende Geldstrafe
C2 un BEP Berufsbildungszeugnis
l'ANPE _f._ Agentur für Arbeit
un refuge Zufluchtsort
la réputation Ansehen, Ruf
en vain vergebens
un CV Lebenslauf
pratiquant,e praktizierend
C4 délivrer befreien
avaler schlucken, verschlingen, vereinnahmen

dévorer verschlingen, fressen
cesser aufhören, einstellen
C5 aspirer à qc streben nach, sich sehnen nach
inaperçu,e unbemerkt
s'assimiler sich anpassen, sich integrieren
C6 un obstacle Hindernis
un défi Herausforderung
une décennie Jahrzehnt
C7 refléter widerspiegeln
déterminé,e entschlossen
métisser mischen
un maçon Maurer
C8 inachevé,e unvollendet, unerledigt
licencier entlassen
les effectifs _m._ Personalbestand
au ralenti in Zeitlupe; im Leerlauf
une pénurie Knappheit, Mangel

Une société soucieuse

7

Ecrivez une phrase concernant des problèmes de société dans laquelle la plupart des mots commencent avec la même lettre. Vous avez le droit de consulter un dictionnaire !

Exemple : Tandis que Thierry travaille tout le temps trop, Tatiana, très triste de ne pas avoir trouvé de tâche, se laisse toujours terriblement tenter par les trucs tragiques à la télé…

A1 Il n'y a pas de pauvres en France !

1 La pauvreté : définition

Etre pauvre – qu'est-ce que cela signifie ? Est-ce que cela se limite à la pauvreté représentée sur l'illustration ci-contre ? Réfléchissez-y et discutez-en en groupes. Prenez en considération les aspects suivants : le salaire, les conditions de logement, la situation alimentaire, la situation familiale, la santé physique et psychique, les loisirs, l'estime dont on jouit dans la société.

2 Le choix de la pauvreté ?

→ Stratégie 10, p.226

a   Avant l'audition : Vous allez écouter une interview avec le maire de Levallois-Perret sur le problème de la pauvreté en France. D'après les informations communiquées à la page 106 de votre livre, quelle va être sa position par rapport au problème de la pauvreté ?

b   L'écoute globale : Ecoutez le texte une première fois puis répondez aux questions.

Combien de voix différentes entendez-vous ?

Quelle est la thèse de M. Balkany ? Correspond-elle à votre hypothèse de départ ?

c   L'écoute sélective : Vrai ou faux ? Cochez la bonne réponse.

	vrai	faux
Dans les villes américaines, les pauvres achètent tout au bazar.		
D'après Balkany, les pauvres ont les mêmes logements que les autres.		
Balkany déclare qu'on ne peut pas parler de misère en France.		
Balkany explique que les SDF ne veulent pas s'intégrer dans la société.		
Il s'étonne que même en hiver, ils veuillent rester dehors.		
Il se demande pourquoi ces gens sont dans la misère.		
Il affirme qu'ils ne veulent pas travailler.		

A la fin de l'interview, on entend un commentaire dans lequel trois exemples de « pauvres » sont mentionnés :

1 _____   2 _____   3 _____

d   L'écoute détaillée : Quels sont les « avantages » dont bénéficient les pauvres selon M. Balkany ?

_____

e   Après l'audition : D'après vous, est-ce que le commentateur partage l'opinion de Balkany ? Justifiez votre réponse.

A2 La fracture sociale

1 Une société en crise 👁

Lisez le texte A2 (LE p.106) puis répondez aux questions en cochant la bonne réponse ou en écrivant l'information demandée.

1 François Bayrou veut attirer l'attention sur le problème croissant du chômage.

vrai ☐   faux ☐   la preuve : _____

2 Les salaires moyens ont de plus en plus de problèmes financiers.

vrai ☐   faux ☐   la preuve : _____

3 Pourtant, les salaires moyens arrivent encore à faire des économies.

vrai ☐   faux ☐   la preuve : _____

4 Les Français qui gagnent beaucoup d'argent sont une petite minorité.

vrai ☐   faux ☐   la preuve : _____

La fracture sociale n'est pas un phénomène nouveau. En quoi consiste le changement ?

_____

Quelles sont les caractéristiques de la crise selon M. Bayrou ?

_____

2 Une richesse lexicale

Retrouvez à l'aide des définitions les mots du domaine socio-économique (tirés du texte A2)
dont les lettres se sont mélangées.

1 faire des **onomicées** : ne pas dépenser tout son argent _____

2 une **tuganotameni** de revenu : le contraire d'une *baisse* de revenu _____

3 la **céraptéri** : une situation incertaine _____

4 être **exluc** : ne pas faire partie de, ne pas appartenir à _____

5 les **rascheg** : toutes les factures qu'on doit payer régulièrement _____

3 Une societé plus inégalitaire qu'avant ?   → § 20, 49   → Le comparatif, le superlatif, p.17

Complétez le texte à trous en traduisant les expressions allemandes entre parenthèses.

1 On est (besser) _____ payé (als)_____ à l'époque de nos parents mais la vie est _____

   (teurer als) avant.

2 Certains travailleurs qui gagnent peu ont (fast so viele) _____ problèmes (wie)

   _____ certains chômeurs.

3 Il y a (mehr) _____ gens concernés par ces problèmes (als) _____ on croit.

4 La pauvreté reste un problème important même dans les sociétés (die reichsten) _____ .

5 Ceux qui travaillent (am meisten) _____ ne sont pas ceux qui vivent (am besten) _____ .

A3 Vivre avec le RMI

7

1 Indispensable ? 👄 👁

→ Stratégie 1, p. 218

a Avant la lecture : Voici des dépenses qui font partie du budget souvent très limité d'un jeune.
Indiquez l'importance qu'elles ont pour vous (1 = très important, 2 = assez important, 3 = peu important).

☐ le cinéma   ☐ le matériel pour l'école   ☐ les boissons   ☐ les sorties en boîte
☐ le lecteur MP3   ☐ les voyages   ☐ les DVD   ☐ les livres
☐ les fringues   ☐ le portable   ☐ les sucreries   ☐ le coiffeur

Formez des groupes et mettez-vous d'accord sur 5 éléments dont on a absolument besoin pour vivre.

b La lecture sélective : Retrouvez dans le texte (LE p. 107) les dépenses et les charges de Colyane correspondant aux définitions.

L'argent versé chaque mois au propriétaire pour la location de l'appartement. _____

Pour ne pas avoir froid dans son appartement. _____

Pour pouvoir allumer une lampe et avoir un réfrigérateur qui marche. _____

Pour manger. _____

Pour communiquer avec d'autres personnes sans quitter la maison. _____

Colyane doit en mettre pour que la voiture roule. _____

C'est important d'en avoir une quand on a un accident ou une maladie. _____

c Comparez les dépenses de Colyane à celles que vous aviez trouvées en a).

🔊 2 Travailler pour vivre ou pour survivre ? 👂

a Lisez les questions. Puis écoutez une 1ère fois le texte audio et essayez de répondre aux questions.

Ce document est ☐ une publicité ☐ un discours ☐ un reportage.

On y entend le témoignage ☐ d'une ☐ de deux ☐ de trois personne(s).

Près de 4 millions ☐ de Français ☐ de travailleurs français ☐ de travailleurs étrangers sont pauvres.

On les voit ☐ aussi souvent que les SDF ☐ souvent avec les SDF ☐ rarement.

Pourquoi est-ce que ça a été un choc pour Martine d'apprendre les problèmes de sa filleule ?

_____

La filleule de Martine ☐ ne sort que pendant les congés scolaires.
☐ ne sort jamais seule.
☐ ne s'en sort pas toute seule.

Nathalie gagne ☐ moins ☐ autant ☐ plus que le RMI.

Présentez la situation de Nathalie. Qu'est-ce qui lui manque pour pouvoir dire qu'elle « vit » ?

_____

_____

Pourquoi ces personnes préfèrent-elles quand même travailler ?

_____

b Ecoutez le texte audio une 2e fois et complétez vos réponses.

3 Je te conseillerais de faire des économies !

→ § 38   → Les phrases conditionnelles, p. 8

Un jeune se plaint de son budget trop limité. Essayez de l'aider en lui donnant des conseils.
Employez le conditionnel (à ta place, je… – tu pourrais peut-être…. – tu devrais…) ; imaginez également
la réplique du jeune à votre conseil. Voici quelques expressions qui pourraient vous être utiles :

tu as raison ! – ce n'est pas si facile que ça ! – c'est une bonne idée ! – j'y ai déjà pensé aussi ! – c'est facile à dire ! –
tu plaisantes ! – tu parles sérieusement ? – tu te moques de moi ?

Ses plaintes :
1 Je n'ai pas assez d'argent de poche.
2 Je ne sais pas où passe mon argent.
3 J'ai des factures de portable beaucoup trop élevées.
4 J'adore les vêtements de marque.
5 Ma mobylette consomme trop d'essence.
6 Les cigarettes sont de plus en plus chères.

Vos idées :
un travail pendant les vacances
un carnet pour les dépenses
des télécartes
ebay
le vélo
arrêter de fumer

A4 La honte

1 Le langage familier

a Pour donner une impression d'authenticité à leurs textes, les auteurs littéraires utilisent parfois des mots/
expressions du langage familier. Voici des citations tirées du texte de Faïza Guène à la page 108 de votre livre
(extrait de *Kiffe kiffe demain*). Retrouvez la signification exacte de ces expressions familières.

1 On est **en galère**. (l. 3)
2 On lui doit **du flouse**. (l. 3)
3 Il y a **grave** du monde. (l. 4)
4 On a envie de **se tirer**. (l. 21)
5 Il **se la joue** prophète social. (l. 21)
6 Il raconte tout à **ses potes**. (l. 23)
7 J'aimerais **trop** être qn d'autre. (l. 25)
8 Elles se sont **foutues de ma gueule**. (l. 35)

☐ on est fatiguées   ☐ on est en retard   ☐ on a des difficultés
☐ de l'argent   ☐ des fleurs   ☐ du respect
☐ des gens sérieux   ☐ beaucoup de monde   ☐ des gens importants
☐ se battre   ☐ partir   ☐ se venger
☐ se prend pour   ☐ est accompagné de   ☐ révèle tout à
☐ ses frères   ☐ ses copines   ☐ ses amis
☐ vraiment   ☐ avec excès   ☐ légèrement
☐ elles m'ont battue   ☐ elles se sont moquées de moi   ☐ elles ont hurlé

b Examinez la structure des phrases suivantes tirées elles aussi du texte de Faïza Guène. Que constatez-vous ?

Ce prof, il est gentil. (l. 17)   Le sweat que je porte […], même l'abbé Pierre il en voudrait pas. (l. 29)

Cette structure est caractéristique de la langue parlée. Quel est l'effet ainsi produit ?
Cherchez d'autres exemples de phrases segmentées dans le texte.

2 Un personnage fort en caractère 👁

→ Stratégie 6, p. 223

a Trouvez dans le texte de F. Guène (LE p. 108) des extraits qui illustrent les traits de caractère de Dora ci-dessous :

Dora est : fière – révoltée – sensible – dégoûtée – mélancolique – honteuse – rebelle

b Caractérisez maintenant les relations entre les personnages à l'aide des termes ci-dessous qui conviennent.
Justifiez les sentiments choisis par des passages du texte.

le respect – la pitié – la colère – le mépris – l'hypocrisie – la solidarité – la condescendance – l'arrogance –
le sentiment d'infériorité – la méchanceté – la méfiance

Doria → Yasmina (sa mère)   M. Werbert → Doria   Doria → camarades de classe
Doria → Nacéra   Doria → M. Werbert   camarades de classe → Doria
Nacéra → Doria et sa mère

3 M. Werbert, prophète social ?

Le tableau ci-dessous vous aide à préparer le dialogue de Dora et M. Werbert (voir Ecriture LE p.109).
Complétez les premières répliques en suivant les instructions puis continuez le dialogue. Jouez-le ensuite devant la classe.

Dora	M. Werbert
	1 Bemerkt, dass D. traurig aussieht und fragt, was sie habe.
2 Sagt, dass alles in Ordnung sei.	
	3 Versichert ihr, dass sie immer mit ihm reden könne, wenn sie Probleme habe.
4 Wiederholt genervt, dass sie keine Probleme habe; und wenn sie Probleme hätte, würde sie bestimmt nicht mit ihm darüber reden.	
	5 Wundert sich über ihre aggressive Reaktion …

A5 Nés sous la même étoile

1 Du rap engagé

→ Stratégies 10 + 12, p.226 – 227

a Le rap : Choisissez dans la liste ci-dessous les adjectifs qui caractérisent ce genre de musique.

dynamique – lent – joyeux – saccadé – agressif – gai – décontracté – violent – monotone – harmonieux – rapide – doux – rebelle – mélancolique – triste – mélodieux – drôle – contestataire – romantique.

b L'écoute globale : Ecoutez le morceau « Nés sous la même étoile » d'IAM et comparez-le à votre description du rap en a).

c La langue : Les textes de rap, comme les chansons, sont souvent écrits dans un style poétique, imagé.
Expliquez les images utilisées par IAM dans les expressions ci-dessous tirées du rap « Nés sous la même étoile » (LE p.109).

– Personne ne joue avec les mêmes cartes. (l. 2)   – On n'est pas nés sous la même étoile. (l. 4)

Trouvez d'autres métaphores dans l'extrait à la page 109 de votre livre.

2 Mon père roule en cyclo, le sien en BMW...

→ §§ 8, 63

Rappel : **Les adjectifs possessifs et les pronoms possessifs**

je	mon père → le mien	ma mère → la mienne	mes parents → les miens	mes sœurs → les miennes
tu	ton père → le tien	ta mère → la tienne	tes parents → les tiens	tes sœurs → les tiennes
il / elle	son père → le sien	sa mère → la sienne	ses parents → les siens	ses sœurs → les siennes
nous	notre père → le nôtre	notre mère → la nôtre	nos parents → les nôtres	nos sœurs → les nôtres
vous	votre père → le vôtre	votre mère → la vôtre	vos parents → les vôtres	vos sœurs → les vôtres
ils / elles	leur père → le leur	leur mère → la leur	leurs parents → les leurs	leurs sœurs → les leurs

Die Possessivpronomen stimmen in Geschlecht und Zahl mit dem Nomen überein, das sie vertreten.
Sie stehen immer mit dem bestimmten Artikel.

Exemple : – Mon petit ami arrive toujours en retard !   – Je connais ça ! Le mien aussi !

A vous ! Complétez les phrases ci-dessous avec le pronom possessif qui convient.

1 Ma vie est belle – (und deins?) _____ ?

2 Ses poches sont vides – (aber meine nicht) _____ .

3 Votre maison n'est pas aussi belle que (unseres) _____ .

4 Nos vacances étaient géniales – (und eure?) _____ ?

5 Je ne voudrais pas échanger ma vie contre (ihres) _____ .

B1 La misère cachée

1 Il faut que nous combattions la misère !

→ § 39 → Le subjonctif, p. 15

a Pour pouvoir vous exprimer lors du débat (voir Débat LE p. 110), vous allez avoir besoin du subjonctif.
Relisez le rappel p. 15 : lequel des 4 emplois décrits correspond à notre situation ?

b Complétez les phrases suivantes en choisissant le mode qui convient (indicatif ou subjonctif).

1 C'est scandaleux que les gens (être) _____ forcés de dormir dans des hôtels délabrés.

2 Les hommes politiques ne comprennent pas que les SDF (avoir) _____ droit à un logement convenable.

3 Les SDF exigent que la politique (prendre) _____ en considération leurs problèmes.

4 Il est évident que les gens qui vivent dans ces « hôtels » (être) _____ privés de toute intimité.

5 Il ne faut pas oublier que le droit au logement (faire partie) _____ des droits fondamentaux.

6 On peut espérer que leur engagement (servir) _____ d'exemple aux hommes politiques.

c A vous ! Formez 3 phrases contenant un verbe au subjonctif que vous utiliserez lors du débat.

2 Préparation du débat

→ Stratégie 15, p. 231

a Les arguments : Une des femmes mal-logées qui participera à la table ronde (voir LE p. 110) prépare ses arguments.
Elle a fait une liste des arguments que les hommes politiques avancent souvent quand il est question du manque
de logements sociaux. Trouvez pour chacun d'eux un contre-argument.

Point de vue des hommes politiques :
– L'Etat fait tout ce qu'il peut. Il faut que les citoyens prennent aussi
des initiatives.
– Les aides publiques paient déjà la plus grande partie des loyers.
– On ne peut pas continuer à payer des factures d'hôtels aussi
élevées !
– L'accident de 2005 était un regrettable hasard. Personne n'en est
responsable.
– Il n'y a plus de place et pas assez de moyens pour construire des
foyers supplémentaires pour toutes ces familles !
– Ces familles n'ont pas besoin de loger au cœur de Paris. Il y a des
logements beaucoup moins chers en banlieue !

b Comme elle n'a pas l'habitude de ce genre de débat, elle note également
quelques débuts de phrases. Terminez-les.

Vous avez tout à fait raison en disant que… (l'Etat – devoir prendre
en charge une partie des loyers)
Vous rendez-vous compte que… (5 personnes ou plus – s'entasser –
chambres – 10 m²)
On ne peut quand même pas dire que… (espaces aussi réduits –
convenir à des êtres humains)
Il est essentiel que… (droit au logement – devenir –
droit fondamental)
Permettez-moi de vous rappeler que… (mal-logés – ne pas être – clochards)
On ne peut pas accepter que… (les gens – être privés de toute intimité)
Ne comprenez-vous pas que… (familles – ne plus avoir d'argent pour vivre)
J'aimerais que le gouvernement… (prendre des mesures efficaces – trouver solution)

B2 Portraits

Des visages marqués par la vie 👁

→ Stratégies 6 + 8, p. 223 – 224

a Voici un texte-modèle qui vous aidera à décrire la photo de gauche à la page 111 de votre livre.
Attention : il y a des éléments à ajouter !

(Auf dem Foto) _____ on peut voir le visage d'un homme d'un certain âge sur un fond gris. Il a (ein

ovales Gesicht) _____ , (eine große Nase) _____ , (dunkle Augen) _____

_____ und (einen grauen Bart)_____ . (Seine grauen Haare) _____

longs et mal soignés sont cachés sous un grand bonnet noir mais on distingue quelques mèches qui lui tombent

sur les épaules. Il a un mégot (im Mund) _____ . Apparemment, il porte un anorak orange et noir

dont on distingue le col et un pull-over noir. Son regard est plutôt (gleichgültig) _____ , il ne mon-

tre aucun sentiment. Pourtant, il (sieht nicht glücklich aus) _____ . Son apparence laisse

supposer qu'il vit dans de mauvaises conditions, peut-être même dans la rue.

b Décrivez maintenant la photo de la femme.

B3   Lisiane, SDF

🔊 **Vous allez vous en sortir !** 👂

→ Stratégie 10, p. 226

a Avant l'audition : Vous allez écouter une interview avec une SDF. Comment imaginez-vous sa vie ?
De quoi va-t-elle parler ? Quels problèmes va-t-elle aborder ?

b L'écoute globale : Ecoutez le texte une 1ère fois. Caractérisez Lisiane d'après le ton qu'elle emploie :
est-elle malheureuse, révoltée, désespérée, résignée, contente… ?

c L'écoute sélective : Ecoutez le texte une 2e fois. Cochez le ou les mots correct(s).

1 Lisiane a eu près de 20 millions	☐ d'aides.	☐ de dettes.	☐ de difficultés.
2 Elle s'en est sortie par	☐ la foi.	☐ la force.	☐ la honte.
3 Devenir SDF, ça a un côté	☐ choquant.	☐ charmant.	☐ chiant.
4 Cela… les gens.	☐ ont dit	☐ qualifie	☐ grandit
5 Les SDF… dans la main.	☐ se donnent	☐ s'étonnent	☐ se crachent
6 Elle se demande pourquoi elle a eu tant… dans la vie.	☐ de chèques	☐ d'étiquettes	☐ d'échecs
7 Elle se dit qu'elle a peut-être… sa vie.	☐ mal géré	☐ malmené	☐ mal digéré
8 Elle dit d'elle-même qu'elle est très	☐ sensée.	☐ sociable.	☐ sensible.
9 Il faut penser aux	☐ êtres humains.	☐ lendemains.	☐ bains chauds.

d Lisez les phrases suivantes. Ecoutez l'interview encore une fois et cochez celles que Lisiane prononce.

☐ Aide-toi, le ciel t'aidera.
☐ Un jour le soleil brillera pour toi.
☐ On supporte mieux la vie en chantant.
☐ Il y a des hauts et des bas dans la vie.
☐ On dit que l'erreur, ça donne une grande force.
☐ Ayez la foi et vous surmonterez toutes les difficultés.

☐ On ne voit bien qu'avec le cœur.
☐ Pensez toujours au ciel bleu et non au gris.
☐ Même si vous avez un cœur de pierre, essayez
de comprendre les choses au lieu de faire la guerre.
☐ L'essentiel est invisible pour les yeux.
☐ Ne faites confiance à personne.

Parmi les phrases que Lisiane ne prononce pas, lesquelles aurait-elle pu prononcer
parce qu'elles expriment également sa conception de la vie ? Justifiez votre réponse.

e Après l'audition : La vie de Lisiane et sa vision des choses correspondent-elles à ce que vous aviez imaginé en a) ?
Enfin, trouvez une « sagesse » qui illustre votre philosophie de la vie.

B4 J'habite en bas de chez vous

1 Démoralisée par toutes ces galères…

→ Stratégie 2, p. 219

Trouvez le sens de ces mots (tirés du texte B4, LE p. 112) qui vous sont sans doute inconnus en utilisant la stratégie indiquée.

	Stratégie	Explication	Traduction
la galère (l. 6)	le contexte		
serviable (l. 7)	la famille de mots		
attentionné (l. 8)	le mot anglais / la famille de mots		
des saloperies (l. 16)	le contexte		
briefer (l. 20)	le mot anglais		
démoralisée (l. 26)	la famille de mots / le préfixe		

2 Reportage dans la rue → §§ 53 – 55, 57 – 58 → Les pronoms sujets et objets p. 6 ; les pronoms adverbiaux y / en, p. 18

Un reporter a interrogé des SDF sur leur survie quotidienne. Reconstituez l'interview à deux. Faites des phrases complètes et remplacez les parties en caractères gras et les répétitions par des pronoms.

– Depuis quand vivez-vous **dans la rue** ?	(5 ans)
– Aviez-vous un **appartement** avant ?	(oui – propriétaire : augmenter le loyer ; ne plus pouvoir payer le loyer)
– Vous avez **des enfants** ?	(oui – deux : fils et fille – habiter loin – ne plus voir mes enfants)
– Vous avez **des amis** parmi les autres sans-abri ?	(non – ne pas se faire confiance)
– Où est-ce que vous déposez **vos affaires** pendant la journée ?	(laisser à la consigne automatique à la gare)
– Et vous, où est-ce que vous passez **la nuit** d'habitude ?	(dans le métro ou dans le parc – ne pas faire trop froid !)
– La police ne vous chasse pas **de ces endroits** ?	(si – ne jamais pouvoir dormir en paix – très fatigant)
– Pourquoi est-ce que vous ne dormez pas **dans un foyer** ?	(trop de gens – ne pas se sentir bien – préférer garder sa liberté)
– Vous n'essayez pas de trouver **du travail** ?	(si – essayer de – difficile – ne pas avoir d'adresse – préjugés contre SDF)
– Qu'est-ce que vous diriez **à un représentant du gouvernement** si vous aviez la possibilité de parler avec lui ?	(dire – faire construire appartements moins chers – trop de gens dans la misère – agir pour les aider)

B5 Sans emploi

1 Les statistiques du chômage ⊙

→ Stratégie 7, p. 223

Regardez les graphiques à la page 113 de votre livre. Traduisez les expressions allemandes en français.

En 2005, (ungefähr) _____ 10 (Prozent) _____ de la population active était

au chômage. En trois ans, (die Quote) _____ de chômage (ist um 2 % gesunken) _____

_____. (Verglichen mit) _____ hommes, les femmes sont plus souvent au chômage.

Parmi les jeunes femmes de moins de 25 ans, (fast ein Viertel) _____ est au chômage.

2 Les préoccupations des jeunes en chanson F<>D

→ Stratégie 21, p.237

7

Votre corres a vu sur Arte un reportage sur le chanteur Peter Licht et sa vision de la société. Ils ont passé le clip de sa chanson « Wir sind jung… » qui lui a beaucoup plu. Il aimerait savoir de quoi il est question dans cette chanson exactement.

a   La lecture : Au nom de qui Peter Licht parle-t-il ? _____

Quel est le sujet général de sa chanson ? _____

Caractérisez la langue et le ton employés par le chanteur. _____ _____

b   Les mots-clés : Soulignez 5 mots-clés dans cette chanson.

c   Le destinataire : Quel style vous apparaît approprié au destinataire de votre texte ? _____

d   La mise en pratique : En vous appuyant sur vos réponses aux questions a), b) et c), formulez 5 phrases en français qui répondent à la question de votre corres.

Peter Licht
Wir sind jung und machen
uns Sorgen

Wir sind jung und wir machen uns
Sorgen über unsere Chancen
auf dem Arbeitsmarkt und
unser berufliches Fortkommen

Wir sind jung und wir machen
uns Sorgen denn später
wollen wir uns ja auch einmal
etwas leisten können
momentan da geht's ja noch
weil unsere Ansprüche
noch niedrig sind
aber später wollen wir uns
ja auch mal was gönnen können
denn wir wissen wenn man sich
erst einmal an einen

Lebensstandard gewöhnt hat
dann ist es schwierig
später wieder mit
weniger auszukommen

Chor:
Wir machen uns eben Sorgen
über unsere Chancen
auf dem Arbeitsmarkt

Und wenn jemand kommt
und unsere Situation verschlechtert
dann finden wir das nicht gut
und machen uns dann wieder
Sorgen über unsere Chancen
auf dem Arbeitsmarkt
das ist alles so ungerecht
denn wir haben immer
unsere Hausaufgaben gemacht
und alle Voraussetzungen erfüllt

uns sogar spezialisiert
das finden wir nicht gut
denn es ist wichtig sich auch mal
was leisten zu können
damit der Alltag der grau ist dadurch
ein bisschen abwechslungsreicher
gestaltet werden kann
damit wir auch mal die Seele
baumeln lassen können
wenn das gefährdet ist
dann finden wir das nicht gut
und sind enttäuscht

Chor:
Wir sind jung und wir machen uns
Sorgen über unsere Chancen
auf dem Arbeitsmarkt

Peter Licht © *Musikbureau*, Richard Wernicke

B6 Chômage = violence

Chômage et solidarité

a   Reconstituez les mots ci-dessous à l'aide des lettres suivantes :

E, R, I, N, I, E, L, I, V, P, E, I, S, R, N, M, R, T, E, V, E, I, O

1 Chômage = __AU__ __ __ __TE   2 Chômage = ETRE P__ __ __V __ DE PROTECTIONS

3 Chômage = D__ __ C __ __ __ M __ __ AT __ __ __   4 Chômage = E __ EU __ __ S   5 Chômage = R __ __ O __ T __

b   La solidarité, qu'est-ce que cela veut dire pour vous ?
Trouvez des mots (noms, verbes, adjectifs) commençant par les lettres du mot « solidarité » et qui expliquent ce terme.

S comme soutien (moral, financier…)   **O** comme…   **L** comme…

C1 Les cités ont la rage

Description inexacte

→ Stratégie 8, p. 224

Regardez la photo à la page 114 de votre livre. Cette description contient 10 fautes. Retrouvez-les et corrigez-les.

La photo représente une scène de rue très gaie pendant la nuit. En haut, un peu à droite, on distingue une voiture garée dans la rue. Au premier plan à droite, une autre voiture, celle-ci renversée sur le toit, est en train de rouler. Une épaisse fumée s'en dégage. Derrière les flammes, les silhouettes d'une dizaine de personnes, apparemment des jeunes hommes, sont visibles. Une de ces personnes se trouve presque sur le côté gauche de la photo. Les bras baissés, cet homme a l'air de saluer les flammes. Une autre personne à sa droite lève le bras gauche. Deux personnes se sont approchées de la voiture. Ce qui attire le regard, ce sont surtout les personnes représentées sur cette photo. Le jaune clair des flammes et celui, un peu plus sombre, de la fumée sont en harmonie avec les silhouettes sombres de la voiture au premier plan et celles des personnes. Il se dégage de cette photo une atmosphère mélancolique.

C2 Les émeutes de banlieue

Euh… Mmm… Vraiment ? 👄

→ Stratégie 14, p. 230

Mettez-vous par deux. Lisez ce début de dialogue à haute voix en complétant les trous par les expressions manquantes.
Puis continuez le dialogue (voir Jeu de rôle LE p. 115).

- Bonjour, (haben Sie eine Minute Zeit?) _____ J'aimerais vous poser quelques questions.

  (Haben Sie gehört, dass) _____ des sociologues et des journalistes considèrent que

  vos actes de violence ne sont qu'un jeu ? (Was denken Sie darüber?) _____

- (Wirklich?) _____ (Was meinen Sie genau?) _____

- (Was ich meine, ist dass) _____ ils pensent que c'est pour vous le seul moyen

  d'attirer l'attention sur vos problèmes, que c'est le seul moyen de faire parler de vous.

- (Echt?) _____ Et c'est quoi nos problèmes selon eux ?

- Des problèmes d'intégration, le manque de travail, de perspectives d'avenir, les provocations des policiers parfois…

- …

C3 Etat de siège

Une ville divisée

→ Stratégie 8, p. 224

Regardez bien le dessin de Plantu (LE p. 116) et répondez aux questions suivantes :

1 Le dessin est-il réaliste, drôle, angoissant, inquiétant ? _____

2 Où est-ce que cette scène se passe probablement ? _____

3 Que voyez-vous au premier plan et à l'arrière-plan ? _____

4 Comment est-ce que les deux plans sont séparés ? _____

5 Regardez les personnages : qu'est-ce qui vous frappe ? _____

6 Comment l'attitude des personnages s'explique-t-elle ? _____

7 Quelle est l'intention du dessinateur ? _____

7

C4 Banlieues, deux ans après

1 Optimiste ou pessimiste ?

→ §§ 40 – 44   → La négation, p. 12

Lisez l'avis de cet optimiste et formulez le point de vue d'un pessimiste en vous servant des négations entre parenthèses.

1   La situation dans les banlieues a beaucoup évolué. (Überhaupt nicht)

Tu parles, elle _____ !

2   Tout le monde a déjà oublié les affrontements de 2005. (Niemand)

Tu parles, _____ !

3   Le gouvernement fera tout pour faire des quartiers sensibles des territoires comme tous les autres. (Nichts)

Tu parles, il _____ !

4   Le problème de l'emploi et le problème de la sécurité seront bientôt réglés. (Weder – noch)

Tu parles, _____ !

5   Des centres de rencontre seront créés pour faciliter le contact entre les habitants des cités. (Kein einziges)

Tu parles, _____ !

2 Comment éviter le verbe « dire »

Retrouvez le verbe correct permettant d'insérer une citation (ces verbes sont tirés du texte à la page 117 de votre livre).

1   Le maire **luseigno** _____ que le cycle des violences dans les banlieues n'est pas terminé.

2   Il **quiplexe** _____ qu'un petit incident peut déclencher les violences.

3   Il **eton** _____ que les problèmes ne sont pas résolus.

4   Il **velère** _____ que rien n'a vraiment changé.

5   Il **quévoe** _____ la désespérance des gens qui est bien est réelle.

D1 Bande d'Enfoirés !

Les Restos du Cœur

→ Stratégies 8 + 22, p. 224 + 238

a   L'image : Vous voulez faire un exposé sur les Restos du Cœur. Vous avez choisi d'introduire le sujet en montrant le dessin ci-contre à vos camarades.
Formez des petits groupes. Mettez-vous d'accord sur 5 questions en rapport avec le dessin que vous souhaitez poser à vos camarades.

_____

_____

_____

_____

_____

_____

b La préparation de l'exposé : Réfléchissez ensuite aux questions auxquelles votre exposé devrait répondre.

c La recherche d'informations et le plan : Consultez le site www.restosducoeur.org.
Repérez les informations importantes. Trouvez une structure en plusieurs parties pour votre exposé.

d Les questions des auditeurs : Voilà deux questions que vos camarades ou le prof pourraient vous poser.
Préparez vos réponses.

  – Les Restos du Cœur datent de 1985. Sont-ils toujours aussi actuels ?

  – Pourquoi cette organisation est-elle aussi populaire en France ?

D2 Camping citoyen

Aider en prenant les bonnes mesures   → §§ 90 – 92

Lors du débat (voir LE p. 119), le représentant d'une association de soutien aux SDF propose différentes mesures pour améliorer leur situation. Terminez sa phrase en employant le gérondif : On peut aider les SDF en…

1 Construire plus de foyers pour les accueillir.
2 Sensibiliser la population à leurs problèmes.
3 Faire des dons.
4 Etre solidaire avec eux.
5 Soutenir les associations qui veulent les aider.

6 Rejoindre des manifestations en leur faveur.
7 S'informer sur leurs problèmes.
8 Prendre des mesures de prévention.
9 Lutter contre le chômage.
10 Dénoncer les préjugés qui existent sur eux.

Problèmes de société – Vocabulaire

La liste suivante vous propose un choix de mots qui sont tirés des textes du module et qu'il serait bon de connaître.

Relevez 5 noms formés avec le suffixe -ment ou -tion et retrouvez, quand c'est possible, le verbe de la même famille.

A2 une fracture Bruch
la fracture sociale die soziale Schere
dénoncer qc anprangern
exclu,e ausgeschlossen
désormais von nun an
à l'abri geschützt
la précarité unsichere Situation
le revenu Einkommen
les charges f. Nebenkosten
bénéficier (de qc) genießen
haut de gamme gehobenes Niveau
touché,e berührt; betroffen
A3 le RMI (revenu minimum d'insertion)
    Sozialhilfe
volontiers gern
le loyer Miete
une facture Rechnung
la CAF (caisse d'allocations familiales)
    Familienkasse; Kinder-/Wohngeld
un licenciement Entlassung
une mission Mission; Delegation; Auftrag
A4 une sorcière Hexe
emprunter ausleihen
être en galère fam. es schwer haben
être mal à l'aise sich unwohl fühlen

la dignité Würde
l'éducation civique f. Gemeinschafts-
    kunde
mouillé,e nass
pareil,le gleich
puer fam. stinken
attentif, -ive aufmerksam
A5 la fortune Reichtum; Glück
épouser qn heiraten
la dot Mitgift
une crèche Kinderkrippe
un filet Netz
l'équitation f. Reitsport
se débrouiller fam. sich durchschlagen,
    klarkommen
le saumon Lachs
B1 une fiche de paie Lohnzettel
un incendie (Groß-)Brand
un lavabo Waschbecken
être privé,e de qc etw. entbehren
consacrer (qc à qc) widmen; aufwenden
les pouvoirs publics m. Behörden
B6 une émeute Aufstand
prendre en charge übernehmen; sich
    kümmern um

une décennie Jahrzehnt
un soulèvement Aufstand
C2 l'état d'urgence m. Ausnahmezustand
une arrestation Festnahme
volontaire freiwillig
voire sogar
le rejet Ablehnung
une humiliation Demütigung
la crainte Furcht
favoriser begünstigen
un cercle vicieux Teufelskreis
mutuel,le gegenseitig
C4 un élu Volksvertreter
local,e örtlich
un incident Zwischenfall
l'insertion f. Eingliederung
supposer vermuten; voraussetzen
D1 la séduction Verführung
le soutien Unterstützung
D2 une tente Zelt
visible sichtbar
indigné,e entrüstet
indifférent,e gleichgültig
l'hébergement m. Unterkunft
rejoindre qn einholen; treffen

Quelques mots-clés

8

Reliez les explications de la colonne de gauche aux mots / expressions
de la colonne de droite qui leur correspondent.

Le 14 juillet •

« Allons enfants de la Patrie » •

C'est l'emblème national. •

C'est la devise de la République. •

C'est le principe de neutralité de l'Etat
envers les religions. •

Aux élections, il choisit un candidat. •

Il est secret. Il faut avoir 18 ans. •

Il est élu directement par les citoyens. •

Il est composé du Premier ministre
et des ministres. •

• Le président de la République

• Le vote

• Le gouvernement

• Le citoyen

• Liberté, Egalité, Fraternité

• La laïcité

• L'hymne national, la Marseillaise

• La fête nationale

• Le drapeau bleu, blanc, rouge

A1 Les grands principes

1 Les signes extérieurs de l'Etat allemand

a Relisez le deuxième paragraphe du texte de R. Debray à la page 122 de votre livre (l. 5–12).

b Puis écrivez un texte sur les symboles de l'Etat allemand.

Notre drapeau _____

L'hymne allemand _____

Aux premières lignes de notre hymne, on trouve la devise _____

La fête nationale, c'est _____

Quant à l'aigle, _____

Selon l'article 20 de la Constitution, la république fédérale d'Allemagne est _____

2 L'Allemagne, un pays laïc, démocratique et social ?

→ Stratégie 17, p. 233

a Le sujet : Etes-vous sûr(e) de bien comprendre les mots du sujet ?
Vérifiez dans un dictionnaire unilingue le sens de ces adjectifs quand ils se rapportent à un Etat / un pays.

_____

_____

_____

b La lecture sélective : Comment R. Debray explique-t-il ces mots dans le texte ?

c Les exemples : Trouvez, pour chacun de ces aspects, des exemples français.
Existe-t-il des exemples équivalents en Allemagne ? Ou des contre-exemples ?

A2 Les institutions nationales

1 Quelques verbes utiles

Complétez les phrases avec le verbe / l'expression qui manque. Pour cela, remettez les lettres dans le bon ordre
(attention, le verbe est donné à l'infinitif, vous devez le conjuguer). Le graphique à la page 123 de votre livre peut vous aider.

tovre	Les citoyens _____ pour le candidat de leur choix.
lieér	Les citoyens _____ le Président, l'Assemblée nationale et les grands électeurs. Le Président _____ au suffrage universel direct.
mnoemr	C'est le Président qui _____ le Premier ministre et les ministres.
oscnutelr apr eférérnmud	Le Président peut s'adresser directement aux Français : pour cela, il les _____ _____ .
resodusid	Si le Président ne soutient plus du tout l'Assemblée nationale, il peut la _____ .
sidiméorenns	Si le Premier ministre décide de ne plus travailler avec le Président, il peut _____ .
rsecnure	Si l'Assemblée nationale ne soutient pas le gouvernement, elle peut le _____ .

2 Compléter en utilisant un gérondif   → §§ 91–92

Regardez le graphique p. 123 puis complétez les phrases ci-dessous avec le bon élément et en utilisant un gérondif.

participer à un référendum – initier les projets de loi – élire le président de la République, les députés… –
voter les lois – nommer le Premier ministre et le gouvernement

1   Le Président exerce le pouvoir exécutif par ex. en _____ .

2   Le gouvernement participe à l'exécutif en _____ .

3   Le Parlement exerce le pouvoir législatif en _____ .

4   Les citoyens participent à la politique en _____ .

3 Retrouvez les erreurs !   → Stratégie 7, p. 223

Voici une description du graphique. Attention, il y a 6 erreurs. Soulignez-les et corrigez-les.

Le président de la République est élu par tous les habitants de France. Son mandat dure 6 ans,
comme celui des députés et des sénateurs. L'Assemblée nationale élit le Premier ministre.
Le gouvernement initie des projets de loi que les deux chambres du Parlement votent.
La République est organisée selon le principe de la séparation des pouvoirs. Le président de la République
et son gouvernement forment le pouvoir législatif, le Parlement forme le pouvoir exécutif.
Le Conseil constitutionnel, dont les membres sont élus par les citoyens, vérifie que les lois sont conformes
à la Constitution.

4 Les résultats des élections législatives
→ Stratégie 10 (écoute sélective), p. 226

Pour le blog de votre lycée, on vous demande d'écouter à la radio les résultats des élections législatives en France. Lisez d'abord la présentation des partis politiques à la p. 136 de votre livre. Puis écoutez l'annonce des résultats : S'agit-il d'une victoire de la gauche ou de la droite ? Les petits partis ont-ils progressé ou non ? Justifiez votre réponse.

A3 Un Etat centralisé

1 Un Etat fédéral ? Comme c'est étrange…
→ § 39   → Le subjonctif, p. 15

a Qu'est-ce qui paraît étrange en Allemagne aux yeux des Français ? Reportez-vous au texte A3 à la page 125 de votre livre et complétez les phrases ci-dessous.

Les Français trouvent étrange que, dans les capitales des Länder allemands, _____ .

Pour eux, c'est étonnant que les Länder _____ .

b Complétez les phrases ci-dessous en utilisant le mode (indicatif ou subjonctif) qui convient.

1 Les Français sont surpris que _____ (ne pas y avoir) de ministère national de l'Education en Allemagne.

2 Ils ont du mal à comprendre que le baccalauréat _____ (ne pas être) une épreuve nationale.

3 Ils trouvent bizarre qu'on _____ (devoir) payer des impôts pour l'Eglise en Allemagne.

4 Les Français s'étonnent que, grâce au fédéralisme, il _____ (y avoir) plusieurs centres politiques et culturels.

5 Ils continuent de penser que Paris _____ (être) et _____ (rester) le centre de la France.

c A votre avis, quels autres aspects de la politique et de la culture allemandes étonnent les étrangers ? Formulez 5 phrases.

2 Avantages et inconvénients du fédéralisme

Vous passez plusieurs semaines dans un lycée français. Le prof d'histoire-géo tient un blog politique sur le site Internet du lycée. Heureux d'avoir un élève allemand dans sa classe, il vous demande d'écrire un texte sur les avantages et inconvénients du fédéralisme pour son blog. Votre texte contiendra 250 mots environ.

A4 Un homme puissant

C'est lui qui a le pouvoir
→ § 65

a Lisez la phrase ci-dessous tirée du texte à la page 125 de votre livre. Traduisez-la en allemand.

Le Président joue le premier rôle sur la scène internationale, c'est lui qui signe les traités internationaux.

Comment avez-vous traduit l'expression « c'est lui qui… » (mise en relief) ?

b Mettez les parties soulignées en relief.

Le président de la République est au centre de la Constitution. _____ .

Il est le garant des valeurs républicaines. _____ .

Le Président a son domicile et ses bureaux au Palais de l'Elysée. _____ .

8

c   Relisez le texte p.125. Mettez en évidence toutes les compétences du Président en utilisant la mise en relief.

d   Qu'en est-il en Allemagne ? Complétez les phrases suivantes.

En Allemagne, c'est le « Bundespräsident » qui…

Mais c'est le chancelier (ou la chancelière) qui…

A5 La journée du Président

1   Quelle routine !

a   Répondez aux questions en relevant les indications de temps relatives à la fréquence
dans le texte de votre livre à la p.126.

1   Le Président remplit-il ses fonctions tous les jours ?
2   Commande-t-il des études tous les jours ?
3   Le Conseil des ministres a-t-il lieu tous les jours ?
4   Le Président a-t-il des réceptions officielles tous les jours de la semaine ?
5   Passe-t-il les troupes en revue tous les jours ?
6   Est-il toujours à Paris ?

b   Complétez le texte à trous ci-dessous.

(Jeden Morgen) _____ le Président doit signer des documents importants.

Le Conseil des ministres se réunit (jeden Mittwoch) _____ .

Le Président se rend à l'étranger (einmal im Monat) _____ .

(Jeden zweiten Tag) _____ il fait du jogging.

(Zweimal im Jahr) _____ il part en vacances.

(Alle fünf Jahre) _____ ont lieu de nouvelles élections présidentielles.

2   Des activités variées

Retrouvez dans la grille de mots ci-dessous les noms correspondant aux verbes donnés et vice versa. Les mots,
tirés du texte à la page 126 de votre livre, se lisent de gauche à droite et de droite à gauche, de haut en bas
et de bas en haut.

E	S	S	A	Y	S	I	P	B	L	A	C	V	I	R
C	I	N	A	U	G	U	R	A	T	I	O	N	C	N
E	G	E	N	D	E	F	E	N	S	E	M	O	O	O
F	N	U	N	T	R	A	P	E	D	U	M	M	T	M
A	A	F	I	N	A	N	A	G	E	M	A	J	I	I
T	T	B	Q	U	E	D	R	A	P	G	N	E	G	N
O	U	N	O	I	T	P	E	C	E	R	D	U	O	E
N	R	E	M	E	T	T	R	E	C	E	E	S	U	R
D	E	P	L	A	C	E	M	E	N	T	R	O	T	I

signer
se déplacer
inaugurer
partir
défendre
recevoir
une nomination
une remise
une commande
une préparation

A6 Et moi, et moi, et moi !

1 Allusions

→ Stratégies 8 + 1, p. 224 + 218

Dans les articles et les dessins de presse, on fait souvent allusion à des personnages ou événements supposés connus.

a Regardez le dessin de Plantu à la page 127 de votre livre. Quelle personnalité politique y est représentée ?
Complétez le tableau puis interprétez-le pour retrouver le personnage sous les traits duquel cet homme politique est représenté.

Position du personnage		Signe sur le front	
Habits		Nombre de bras	

b Dans les textes journalistiques ou les blogs, comme celui de « largo winch » p. 127, il y a aussi de nombreuses allusions. Complétez le tableau en expliquant les références historiques / culturelles utilisées par l'auteur. Aidez-vous du contexte duquel ces expressions sont tirées.

Citations tirées du texte de largo winch	Référence historique / culturelle
« L'Etat, c'est moi ! » (l. 1)	
« Tout repose sur un seul homme » (l. 6)	
« La potion magique » (l. 8)	
« L'Olympe » (l. 11)	
« Kennedy hexagonal » (l. 19)	

c Regardez l'illustration ci-contre. Pour retrouver à qui il est fait allusion, répondez aux questions.

D'après le titre de ce livre, à quelle sorte de personnage va-t-il être fait allusion ?

Le chapeau évoque un personnage connu, l'avez-vous reconnu ?

Recherchez le tableau original de Jacques-Louis David. Qui représente-t-il ?

Qui a pris la place du héros de David sur cette couverture ?

Mettez cette image en rapport avec le texte A6.

2 L'homme des superlatifs ?

→ § 20   → Le comparatif, le superlatif, p. 17

a Relevez dans le texte à la page 127 de votre livre   1 les superlatifs   2 les expressions ayant une valeur de superlatif.

b Complétez les phrases ci-dessous avec le mot qui convient (un mot peu être employé plusieurs fois).

plus – moins – aussi – autant – le plus – le moins – que (qu') – de (d')

1   Aucun homme n'est capable de faire _____ _____ choses à la fois.

2   Il a beaucoup _____ _____ bras _____ un homme normal.

3   Peu de personnes ont des responsabilités _____ importantes _____ celles

du président de la République.

4   Quel a été son _____ grand succès ?

5   Quel est le candidat _____ populaire ? Lequel te plaît _____ ?

8

A7 Si j'étais Président(e)...

1 Si on faisait ce que tu proposes... → §§ 38, 90 → Les phrases conditionnelles, p. 8

a Lisez le texte à la page 128 de votre livre. Expliquez ce que feraient Isabelle, Sandrine, Seydou, Nessly et Gary s'ils étaient à la présidence de la République. Comme eux, employez le conditionnel.

   Exemples : Le gouvernement d'Isabelle serait composé de… Sandrine réintroduirait le service militaire…

b Voilà ci-dessous quelques propositions d'Isabelle. Réfléchissez aux conséquences que cela pourrait avoir.

   Si le gouvernement était composé de jeunes, _____.

   Si les minorités étaient mieux représentées, _____.

   Si les Français étaient plus modestes, _____.

c Construisez des phrases sur le même modèle avec les autres propositions d'Isabelle, puis avec celles de Sandrine, Seydou, Nessly et Gary. Réfléchissez aux conséquences possibles de leurs propositions.

2 Réponse d'un homme politique ✏ → Stratégies 19, p. 235

a Choisissez la personne à laquelle le candidat aux élections présidentielles décide de répondre.

b Voici un modèle de réponse possible. Pour être aimable, félicitez cette personne pour ses idées.

   Cher / Chère _____ ,

   C'est avec grand intérêt que j'ai lu _____.

   Vous avez tout à fait raison _____.

   Evidemment, _____.

   Je ferai tout pour _____.

c Concluez par une formule de politesse.

   _____.

B1 Indifférents, les jeunes ?

Résultats de l'enquête 👁 → Stratégie 7, p. 223

a Lisez le sondage à la page 129 de votre livre.
   Complétez les phrases suivantes selon le modèle.

   Exemple : 45 % des jeunes interrogés estiment que le président
   de la République doit avant tout lutter contre le chômage.

   36 % des jeunes sont d'avis qu'il doit _____.

   31 % d'entre eux pensent qu'il devrait d'abord _____.

   Selon 28 % d'entre eux, il devrait commencer par _____.

b Continuez de la même manière avec les autres résultats. Quand vous ne pouvez pas transformer le nom en verbe, utilisez une paraphrase (par ex. : Pour 22 %, le Président devrait d'abord assurer l'avenir des retraites).

c Transformez maintenant les fractions des 3 phrases de a) comme dans l'exemple.

Exemple : 45 % des jeunes interrogés estiment que… → Près de la moitié des jeunes interrogés estiment que…

Utilisez : près de… environ… un peu plus de… un peu moins de…   la moitié – le tiers – le quart

_____

_____

_____

d Puis continuez avec les autres résultats. Utilisez les structures ci-dessous :

La plupart / la majorité des jeunes / un grand nombre de jeunes… Une bonne partie…
Un nombre non négligeable… Une minorité…

B2 On est là !

Réagir ! → Stratégies 8 + 10, p. 224 + 226

a L'écoute sélective : Ecoutez une fois le texte audio. Quels bruits entendez-vous au début et pendant l'interview ?

b L'écoute globale : D'après la façon de parler de la jeune fille, diriez-vous qu'elle est :

☐ énergique, ☐ euphorique, ☐ sûre d'elle, ☐ confiante, ☐ déçue, ☐ timide, ☐ déterminée ?

c La photo : Décrivez les personnes sur la photo ci-contre puis expliquez ce qu'elles font et ce qu'elles veulent. Mettez-la ensuite en rapport avec le contenu du texte audio.

un CDI contrat à durée indéterminée
valoir qc *ici* etw. wert sein

B3 Jeunes et militants

Changer le monde… → Stratégies 14 + 15, p. 230 + 231

a La lecture sélective : Pour préparer la discussion (voir LE p. 130), relisez les témoignages des 4 jeunes en vous concentrant sur leurs opinions politiques.
Décidez si Kenny et Pauline d'une part, Laura et Charles-Edouard d'autre part ont des chances d'être d'accord ou non.

Kenny (K) et Pauline (P)		Laura (L) et Charles-Edouard (C)	

b Choisissez l'un des deux dialogues (K et P ou L et C). Relevez dans le texte les sujets politiques dont ils pourraient parler, trouvez-en d'autres puis définissez la position de chacun sur ces sujets.

c Rédigez maintenant quelques répliques entre ces deux personnes en utilisant le vocabulaire de la stratégie 15.
Suivez les étapes proposées :

K / L exprime son opinion personnelle sur un sujet de politique :

_____

Elle précise son idée pour être sûre d'être bien comprise :

_____

Son interlocuteur / -trice (pour K > P, pour L > C) exprime son accord ou son désaccord :

_____

Il / elle explique pourquoi il / elle est d'accord ou pas d'accord :

_____

d Continuez le dialogue entre ces deux personnes en abordant d'autres thèmes politiques. Pour rendre votre dialogue plus vivant, pensez à utiliser le vocabulaire de la stratégie 14 (voir « on dit » à la page 230 de votre livre).

B4 Voter à 16 ans ?

1 Une lettre au député / au maire ✏️

→ Stratégie 19, p. 235

La grille ci-dessous devrait vous aider à rédiger votre lettre à votre député / votre maire (voir LE p. 131).
Remplissez-la avec les éléments indiqués.

Expéditeur (adresse fictive)	
Destinataire (adresse fictive)	
Objet	
Formule de début de lettre	
Formulation du point de vue en 2–3 phrases	Le débat autour du droit de vote à 16 ans m'intéresse beaucoup, c'est pourquoi je me permets de vous écrire. A mes yeux, _____ _____ *(présenter son opinion)*. En effet, _____ _____ *(expliquer son point de vue)*. _____ _____ *(développer)*.
Remerciements	
Formule finale de politesse	
Signature (fictive)	

2 Certains sont d'accord, d'autres non.

→ § 11

Mettez les adjectifs indéfinis de la liste à la bonne place.

certains   quelques   plusieurs   d'autres   tous les   aucun

Pour ou contre le droit de vote à 16 ans ? Les avis sont partagés : _____ trouvent que c'est une bonne idée,

_____ pensent que les jeunes ne sont pas encore assez mûrs pour voter. En fait, ça dépend des jeunes.

Mais si on introduit le droit de vote à 16 ans, c'est pour _____ jeunes ou pour _____ d'entre eux.

_____ jeunes, très intéressés par la politique, s'engagent dès 16 ans dans un parti. La situation est

différente selon les pays : dans _____ pays, comme par ex. en Autriche, les jeunes de 16 ans peuvent

déjà participer à des élections locales.

B5 Agir !

Une interview →§§ 80 – 83 → Le discours indirect, p. 23

a Lisez le texte B5 à la page 132 de votre livre. Complétez d'abord à droite les réponses données par Layla et Nacéra. Puis formulez, à gauche, la / les question(s) que la journaliste leur a posée(s).

	« Pour la majorité des lycéens…
	»
	« On reproche aux jeunes…
	»

b Relevez dans le texte les témoignages de deux autres personnes. Repérez pour cela les passages entre guillemets. Répétez l'exercice de a) : trouvez les questions que la journaliste a posées à ces deux personnes.

c De retour au bureau, la journaliste rapporte au rédacteur en chef les discussions qu'elle a eues avec ces 4 personnes. Complétez les débuts de phrases ci-dessous en rapportant les paroles de chacune au style indirect.

J'ai demandé à Layla et Nacera _____.

Elles m'ont répondu que _____.

Elles ont ajouté que _____.

J'ai demandé à Nacera _____.

Elle m'a expliqué que _____.

d Faites de même avec les questions de la journaliste aux 2 autres personnes et leurs réponses.

B6 Au nom de l'intérêt général

1 La formation des mots

a Entourez le radical des mots suivants tirés du texte B6 :

altermondialiste – désobéissance – injuste – médiatisé – partisan – légalisation – compatriote

b Voici des mots du champ lexical de la justice. Complétez le tableau avec d'autres mots formés sur le même radical. Pour cela, aidez-vous de votre dictionnaire.

Verbe	Nom abstrait / nom d'objet	Nom désignant une personne	Adjectif
		un militant	
condamner			
	une prison		
juger			
		un défenseur	
	une opposition		
accuser			
	la légalisation		

2 Quelques grandes dates de désobéissance

a Relevez toutes les dates du texte B6 (LE p. 133) et reportez-les dans le tableau ci-dessous :

Indications de temps					
– précédées d'une préposition		– sans préposition, avec article		– sans préposition, sans article	

b Formulez des phrases contenant des indications de temps semblables à celles relevées en a) (jour précis, mois, saison, année…).

 ## 3 Les Ouvreurs volontaires

a Dégagez le problème soulevé par le document.

b Présentez votre opinion sur le sujet.

c Répondez aux questions de l'examinateur qui vous sont posées sur le CD.

> Pour dénoncer le scandale du logement, Ben veut multiplier les raids, entrer par effraction dans des immeubles vides, défier la loi. A l'instar des faucheurs volontaires, ces anti-OGM. « On va faire jouer la justice : oui, j'ai cassé une porte, et maintenant venez me chercher. »
> Ils ont entre 20 et 30 ans. Ils militent dans ce collectif de défense des mal-logés créé un an et demi plus tôt. Ben a décidé d'appeler son mouvement les Ouvreurs volontaires. « Nous, on apporte un plus. Le côté désobéissant. Et ça intéresse la presse, plaide-t-il. La preuve ? On nous contacte déjà. » […]
> Lionel milite pour changer le présent, pas pour un avenir radieux. Le but n'est pas de rompre avec la société, mais d'y trouver une place. Mieux vaut l'action, le coup d'éclat, la performance qui attire les médias. Et quand les caméras ne pointent pas leur nez, ils mettent leur propre vidéo sur Dailymotion. « C'est un peu l'arme du pauvre », plaide Lionel.

Christophe Boltanski, *Le nouvel Observateur*, 10.04.08 (texte abrégé)

à l'instar comme

C Matin brun

1 Un clebs et un matou dans un appart, c'est dingue !

a Le vocabulaire familier : Associez à chacun de ces mots familiers tirés du texte aux pages 134 – 135 de votre livre le mot du français non-familier qui lui correspond.

un clebs •	• un appartement
un canard •	• un chat
un matou •	• un fou
un appart •	• un chien
un dingue •	• un journal

b La langue parlée : Les auteurs littéraires utilisent parfois une langue qui ressemble à la langue parlée pour donner plus d'authenticité à leurs textes. Voici 2 citations tirées du texte de Franck Pavloff aux p. 134 – 135 de votre livre (extrait de *Matin brun*). En quoi ces phrases sont-elles caractéristiques de la langue parlée ? Reformulez-les en français formel.

Ben, un labrador, c'est pas trop sa couleur, mais il avait quoi comme maladie ? (l. 7)

Après tout, il était à moi mon chat… (l. 72)

Trouvez dans le texte C d'autres exemples de structures de phrase caractéristiques de la langue orale.

2 Un récit vivant 👁

→ Stratégie 4, p. 221

a La perspective narrative : Lisez le texte de F. Pavloff aux pages 134 – 135 de votre livre et répondez aux questions ci-dessous.

A quelle personne parle le narrateur (à la 1ère ou à la 3e) ? _____

Voit-on la scène à travers les yeux
☐ d'un narrateur qui sait tout > Il s'agit d'un **narrateur omniscient**.
☐ d'un personnage. Celui-ci :

☐ est un personnage de l'histoire > c'est un **narrateur-personnage**.
☐ n'est pas un personnage de l'histoire > c'est un **narrateur effacé**.

b Relisez le texte en vous concentrant sur les temps utilisés dans la narration et répondez aux questions.

Quel temps est utilisé le plus souvent ?

Quelle est la particularité des lignes 42–43 ? Quel effet cela produit-il ?

Quel temps est utilisé à la fin de l'extrait ? Pourquoi ?

3 Le temps des verbes

→ §§ 31 – 35   → Les temps du passé, p. 36

Complétez ce texte à trous en conjuguant le verbe entre parenthèses au temps qui convient.

Il y a quelques semaines, je _____ (prendre) un café avec mon voisin quand celui-ci _____

(commencer) à me raconter qu'il _____ (devenir) membre d'une association qui _____ (organiser)

des soirées d'information sur la démocratie dans le monde. Cette nouvelle m'_____(beaucoup

étonner) parce que nous _____ (se connaître) depuis plusieurs années déjà. Il ne me/m'_____

_____ (ne jamais parler) de sa volonté de militer. J'_____ (vouloir) en savoir plus. Il m'_____

(expliquer) qu'il _____ (vouloir) s'engager pour la défense des droits de l'homme depuis un moment

déjà. Il me/ m'_____ (raconter) qu'il _____(profiter) de l'occasion lorsque,

deux mois plus tôt, son ami lui _____ (proposer) de l'accompagner à une conférence organisée

par cette association. Depuis, il y _____ (aller) tous les mercredis. Pendant qu'il me/m'_____

(décrire) ses activités, je _____(se dire) que je _____ (devoir) peut-être y aller moi aussi.

4 La vague F<>D

→ Stratégie 21, p. 237

Votre corres français a vu des affiches du film « La vague » („Die Welle") dans la ville où il habite.
Cette affiche a éveillé sa curiosité. Il vous demande de lui raconter de quoi il s'agit dans ce film.
Répondez-lui à l'aide de l'article ci-contre.

a Lisez le texte ci-contre.

b Voici quelques mots du texte dont vous ne connaissez sans doute pas l'équivalent en français.

die Verführbarkeit – faschistoid – der Zwang – die Autokratie – der gehobene Mittelstand –
die Multikultikluft – der Bildungsbeflissene – der Schnösel – der Quotentürke – verwöhnt –
etw. vorschreiben – harsche Ausschlusskriterien – eskalieren – abwenden

Mettez-vous par deux. Relisez ces mots dans leur contexte et réfléchissez à ce qu'ils signifient.
Expliquez-les en français avec vos propres mots à votre partenaire.

Exemple : verwöhnt sein → c'est quand on a tout ce qu'on veut

c Entourez-en 5 qui vous semblent convenir comme mots-clés.

d Rédigez maintenant votre réponse à votre corres.

Macht durch Handeln!

Dennis Gansels Verfilmung des Bestsellerromans „Die Welle" überträgt die Verführungskraft des Faschismus überzeugend auf die Gegenwart.

Die Welle heißt ein Roman, der von der Verführbarkeit [der Jugend] handelt. In dem schon bald nach seinem Erscheinen 1984 zur Schullektüre avancierten Buch schildert der Autor Morton Rhue, wie ein junger Lehrer mit einem ungewöhnlichen Experiment seinen Schülern näherbringt, dass der Faschismus keiner nebelfernen Vergangenheit angehört. Mit dem Dreisatz „Macht durch Disziplin! Macht durch Gemeinschaft! Macht durch Handeln!" formt er in wenigen Tagen eine autoritätshörige Gruppe, in der die faschistoiden Charakterdispositionen der Schüler unübersehbar zutage treten. Als die „Welle", wie sich die Bewegung nennt, zu Zwang und Gewalt führt, bricht er das Experiment vorzeitig ab. Den Stoff für den Roman konnte Rhue dem Leben entnehmen. Im Wesentlichen folgt das Buch den Ereignissen, die sich 1967, initiiert vom Geschichtslehrer Ron Jones, an der Cubberley High School im kalifornischen Palo Alto zutrugen.

Wie aber sähe der Versuch heute aus? Diese Frage hat sich Dennis Gansel gestellt und Die Welle in seiner Verfilmung über ein deutsches Gymnasium schwappen lassen. Es beginnt mit einer Projektwoche zum Thema „Autokratie". Als das Stichwort „Nazideutschland" fällt, winken die Schüler ab: Nicht das schon wieder. „Ihr seid also der Meinung", kontert der Lehrer, „dass 'ne Diktatur heute in Deutschland nicht mehr möglich wäre?" Das ist die Frage der Fragen hierzulande.

Die Welle zeichnet das Lebensbild der Oberstufenschüler aus dem gehobenen Mittelstand nach. Alle sind da, man erkennt sie sofort: die Hübsche, die den Ton angibt und die Bewunderung der Freundin genießt, der Klassenclown, von allen geschätzt, aber keinem verbunden, die politisch Engagierte in der Multikultikluft, der Bildungsbeflissene, der Polohemd-Schnösel, der Quotentürke, das verwöhnte, mit Muttis Van zur Schule fahrende Unternehmersöhnchen.

Die Authentizität, mit der Gansel, 1973 geboren und damit weder zu entfernt von seinem Sujet noch zu nah dran, das Leben der Jugendlichen schildert, lässt das Unterrichtsexperiment realistisch erscheinen. Dazu trägt auch die geschickt konzipierte Rolle des Lehrers bei. Denn Rainer ist das genaue Gegenteil von einem autoritären Charakter. Er lässt für sich keine Zwänge gelten, will aber auch anderen keine vorschreiben. Die Schüler vertrauen ihm. Es ist nichts weiter als ein Spiel, wenn sie nun in der Klasse aufstehen und ihren Antworten ein „Herr Wenger" vorausschicken. Keiner ahnt, dass die Tragödie mal wieder als Komödie anhebt. Und dann funktioniert die Sache auch so gut. Die Schüler lernen plötzlich besser, sie helfen sich gegenseitig, sie öffnen sich. Geblendet von den Veränderungen, übersieht Rainer, dass die neue Gemeinschaft mit harschen Ausschlusskriterien einhergeht. Erst als die Situation gewaltsam eskaliert, realisiert er, dass das Experiment zu weit gegangen ist. Das fatale Ende kann er trotzdem nicht mehr abwenden.

Maximilian Probst, *Die Zeit* 13.03.2008 (gekürzt)

La vie politique – Vocabulaire

La liste suivante vous propose un choix de mots qui sont tirés des textes du module et qu'il serait bon de connaître.

Choisissez cinq mots qui vous semblent difficiles à retenir. Ecrivez une histoire courte qui contient ces cinq mots.

A1 la cruauté Grausamkeit
A2 voter wählen
voter une loi ein Gesetz verabschieden
élire wählen
dissoudre auflösen
A3 étrange eigenartig
une amélioration Verbesserung
A4 puissant,e mächtig
le suffrage Wahl, Wahlrecht, Wahlgang
renvoyer entlassen
le domicile Wohnsitz
A5 la signature Unterschrift
la séance Sitzung
se réunir zusammentreffen
en tant que (in seiner Funktion) als
l'inauguration *f.* Eröffnung
A6 le quinquennat fünfjährige Amtsdauer (des franz. Staatspräsidenten)
accroître zunehmen; wachsen
un frimeur Angeber
une louange Lob
la séduction Verführung

A7 un défi Herausforderung
négocier verhandeln
s'épanouir sich entfalten
exploiter ausbeuten
tâcher versuchen
B1 l'enjeu *f.* was auf dem Spiel steht
l'accès *m.* Zugang(sberechtigung)
la précarité unsichere Situation
B3 hésiter zögern
une manifestation Demonstration; Veranstaltung
adhérer beitreten, Mitglied sein
insupportable unerträglich
fournir bereitstellen, besorgen
s'emparer de qc sich etw. bemächtigen
B4 le droit de vote *m.* Wahlrecht
la majorité Mehrheit; Volljährigkeit
majeur,e volljährig
plutôt eher, vielmehr
B5 hors de außerhalb
la voie Gleis; Spur; Weg; Richtung
l'aîné,e der / die Ältere

une crèche (Kinder-)Krippe
le bénévolat unbezahlte (ehrenamtliche) Tätigkeit
réconcilier versöhnen
B6 OGM (organisme génétiquement modifié) genveränderter Organismus
la désobéissance Ungehorsam
une taxe Steuer
violer verletzen; missachten; vergewaltigen
la ségrégation (Rassen-)Trennung
un impact Auswirkung
C (s')allonger (sich) ausstrecken
se débarrasser de qc sich etwas entledigen
citadin,e städtisch
poursuivre verfolgen
une précaution Vorsichtsmaßnahme
affectueux,-euse lieb; anhänglich
se réfugier Schutz suchen
récemment vor kurzem
taper klopfen; schlagen; tippen

9

Une sortie entre ami(e)s

a Vous êtes sorti(e) récemment avec votre ami(e).
Racontez votre soirée au passé composé. Aidez-vous des expressions ci-dessous.

téléphoner à	fixer un rendez-vous	acheter les billets
envoyer un mail / un sms à	commander / réserver des billets	assister à un spectacle / à un concert…
consulter les programmes	se rencontrer	rentrer tôt / tard / à l'heure / en retard…
décider d'aller à un concert / au cinéma…	(ne pas) devoir faire la queue	

b Avez-vous passé une bonne soirée ? Qu'est-ce qui vous a plu / déplu ?

A1 Rêve ou réalité ?

1 Rêvons en couleurs… 👁

→ Stratégie 8, p. 224

a Qu'associez-vous spontanément à chaque couleur ? Vous pouvez commencer par : « Pour moi, le jaune c'est le soleil… »

b Une couleur peut avoir une valeur symbolique qui varie d'après la culture. Reliez les valeurs symboliques à la couleur qui, selon vous, lui correspond.

le bleu   le rouge   le vert   le noir   le blanc   le jaune

la tristesse   la liberté   l'innocence   la mort   la vie   l'étendue   l'amour   la pureté   la nature   la jalousie

c On peut préciser une couleur avec un nom désignant un objet qu'on lui associe habituellement (blanc neige, jaune citron…).
Retrouvez dans les exemples ci-dessous la couleur dont il est question. Aidez-vous si besoin d'un dictionnaire.

_____ cerise   _____ roi   _____ marine   _____ émeraude   _____ anthracite

_____ bouteille   _____ bonbon   _____ pomme   _____ turquoise   _____ ciel

d Indiquez l'effet des couleurs suivantes sur l'homme : t = tonifiant, c = calmant .

jaune vif ____ , bleu clair ____ , vert foncé ____ , jaune pâle ____ , rouge écarlate ____ , blanc cassé ____

e Décrivez maintenant le plus précisément possible les couleurs de la photo et des tableaux aux pages 137–138 de votre livre en précisant ce que ces couleurs évoquent pour vous.

2 Des tableaux qui font rêver ? 👁

→ Stratégie 8, p. 224

a Pour décrire et analyser le tableau de Dalí, remplissez la grille ci-dessous :

Type d'image		Contenu	
Composition	Un _____ se trouve au premier plan, dans _____ en bas à gauche de l'image.		
	Un peu plus loin derrière se trouvent un lit et _____ sur une sorte de terrasse.		
	Ces _____ sont au centre de l'image.		
	On voit au deuxième plan une étendue d' _____ , peut-être _____ ,		
	un lac ou un fleuve. Et à l'arrière-plan, on distingue _____ .		
Objets et personnages	Aucun personnage n'est représenté mais…		
	C'est peut-être la trace de…		
Action	A priori il ne se passe rien mais on peut imaginer qu'il vient de se passer quelque chose…		

b   Auriez-vous envie d'aller vous allonger sur le lit représenté sur le tableau de Dalí ? Expliquez votre réponse.

c   Chacun des deux tableaux (celui de Dalí et celui de Magritte) réunit, à sa manière, des éléments contradictoires. Lesquels ?

A2 Rêve et réalité !

1   Place au rêve !   ◉

Lisez le texte à la page 139 de votre livre puis répondez aux questions en cochant la bonne réponse ou en écrivant l'information demandée.

Quelle est l'intention de l'auteur ?   ☐ informer le lecteur sur le surréalisme
☐ le convaincre qu'il s'agit d'un mouvement artistique essentiel
☐ écrire la biographie d'André Breton

Les surréalistes veulent   ☐ que les prisonniers de guerre aient accès à l'art.
☐ faire libérer tous les artistes.
☐ faire oublier les horreurs de la guerre.

Relevez deux techniques utilisées par les surréalistes et expliquez-les avec vos propres mots :

_____

_____

Vrai ou faux ?
Pour Breton, la beauté est le critère le plus important pour une œuvre. ☐ vrai ☐ faux
Dès le début, tous les domaines des arts sont concernés. ☐ vrai ☐ faux
Le Pop art a repris toutes les techniques du surréalisme. ☐ vrai ☐ faux

2   A la recherche du sens des mots   ◉   → Stratégie 2, p. 219

a   Retrouvez la signification des mots suivants sans consulter de dictionnaire. Pour ce faire, remplissez le tableau.

	Préfixe	Mot de la même famille	Signification
« la surréalité » l. 11	sur-	réalité	
irrationnel l. 7			
reproduire l. 26			
inattendu l. 15			

b   Choisissez pour les termes ci-dessous la / les définition(s) qui convient / conviennent dans le contexte du texte A2 à la page 139 de votre livre :

la privation (l. 2) : « …quatre longues années marquées par la mort, les tragédies, les privations »
die Aberkennung ☐ ; der Entzug ☐ ; die Entbehrung ☐

la raison (l. 9) : « Dictée de la pensée, en l'absence de tout contrôle exercé par la raison… »
der Grund ☐ ; die Begründung ☐ ; die Vernunft ☐

la préoccupation (l. 10) : « …en dehors de toute préoccupation esthétique ou morale »
die Überlegung ☐ ; die Sorge ☐ ; die Beschäftigung ☐

marginal,e (l. 12) : « …un phénomène littéraire plutôt marginal »
marginal ☐ ; asozial ☐ ; Rand- ☐

3 Le cadavre exquis

a Dialogue automatique

Ecrivez sur une feuille une question qui commence par « Pourquoi…? ».

Pliez ensuite votre feuille de telle sorte que vos voisins ne voient pas ce que vous avez écrit et passez-la à votre voisin(e) de gauche.

Ecrivez ensuite une réponse sur la feuille que vous avez reçue en commençant par « Parce que… », « Puisque… », « C'est que… », « A cause de… », « En raison de… ».

Refaites la même chose avec quatre autres questions-réponses puis lisez les phrases à haute voix.

b Ecriture automatique

Commencez par écrire le sujet d'une phrase sur une feuille (qui ?), par ex. un nom au singulier.

Pliez ensuite votre feuille de telle sorte que vos voisins ne voient pas ce que vous avez écrit et passez-la à votre voisin(e) de gauche.

Ajoutez un verbe intransitif conjugué à la troisième personne du singulier (fait quoi ?) sur la feuille que vous avez reçue puis pliez-la et passez-la à votre voisin(e) de gauche.

De la même manière, ajoutez un complément de lieu (où ?) et un complément de temps (quand ?).

Lisez vos phrases à haute voix.

Refaites le jeu avec un sujet au pluriel, puis avec un verbe + objet direct.

A3 De l'art ou de la merde ?

1 Trouver le ton juste   → Stratégie 5, p. 222

Lisez le texte de Y. Reza aux pages 140 – 141 de votre livre.

a Les dialogues : De quelle sorte de dialogue s'agit-il ?

b Reportez ci-dessous les répliques indiquées par les lignes puis choisissez le ton sur lequel vous les liriez.
Aidez-vous de la liste suivante pour répondre.

Un ton… aimable, respectueux, décontracté, humoristique, enjoué, passionné, mélancolique, dramatique, neutre, indifférent, blasé, glacial, provocateur, ironique, sarcastique, sec, arrogant, blessant, méprisant, agressif, violent.

le SMIC (salaire minimum interprofessionnel de croissance) salaire minimum légal

– l. 23 : _____

– l. 34 : _____

– l. 35 – 38 : _____

_____

_____

– l. 40 : _____

– l. 49 : _____

– l. 50 – 52 : _____

_____

c Comparez vos réponses.

d Toute mise en scène d'une pièce de théâtre est une interprétation du texte. Maintenant, à vous d'interpréter : par deux, à tour de rôle, lisez l'extrait d'*Art* de Yasmina Reza à voix haute en mettant le ton.

2 Economie de mots

> L'ellipse ou phrase elliptique est une phrase grammaticalement incomplète dont le sens reste cependant évident dans le contexte.

a Les ellipses sont très fréquentes à l'oral, c'est pourquoi on en trouve beaucoup dans les dialogues des pièces de théâtre. Voici des exemples d'ellipses tirés du passage d'*Art* de Yasmina Reza aux pages 140-141 de votre livre. Transformez-les en phrases grammaticalement complètes.

Exemple : (l. 10) Marc : « Cher ? »   Est-ce que le tableau a coûté cher ?
          (l. 11) Serge : « Deux cent mille. »   Il a coûté deux cent mille francs.

Marc : « Connais pas » l. 16 _____

Serge : « Handtington ! La galerie Handtington ! » l. 17 _____

Marc : « La galerie Handtington te le reprend à vingt-deux ?… » l. 18

Serge : « Non, pas la galerie. Lui. Handtington lui-même. Pour lui. » l. 19 _____

_____

b Relevez d'autres ellipses dans le texte p. 140 – 141 et transformez–les de la même manière.

3 Je suis choqué que tu ne comprennes pas !   → § 39   → Le subjonctif, p. 15

a Relevez dans le texte A 3 des verbes au subjonctif.

_____

b Décrivez les sentiments de Marc à l'aide des verbes (suivis du subjonctif) proposés dans la colonne de gauche que vous combinerez avec les expressions de la colonne de droite.

être étonné que	considérer ce tableau blanc comme une œuvre d'art
être indigné que	avoir payé aussi cher un tableau tout blanc
être surpris que	pouvoir s'offrir une telle œuvre d'art
être choqué que	avoir acheté le tableau pour le revendre aussitôt
	ne pas trouver ça drôle

Marc est étonné que Serge…

_____

_____

c Décrivez maintenant de la même manière les émotions qu'éprouve Serge suite à la réaction de son ami.

_____

_____

B1 Titeuf aime l'art

1 L'humour de Titeuf 👁 ⟨I⟩   → Stratégies 6 + 9, p. 223 + 225

a Le graphisme : Regardez la BD à la page 142 de votre livre. Le style de ZEP, le dessinateur de Titeuf, vous semble-t-il réaliste ?

b Les personnages : Quelles informations nous donnent les vignettes sur les trois personnages de cette histoire ?
Pour répondre, décrivez en détail :
- leur physique
- leurs attributs
- l'impression qu'ils produisent
- leur comportement et, si possible, leur caractère
- leur relation

c Le genre : une BD humoristique. On distingue les formes de comique suivantes :

> le comique de situation   le comique de gestes
> le comique de caractère   le comique de langage

Regardez par exemple la vignette 7 : quelle(s) forme(s) de comique y retrouvez-vous ? Justifiez votre réponse.

Choisissez une autre vignette que vous trouvez comique et analysez-en les éléments comiques.

En conclusion, le comique de cette planche de BD repose-t-il sur les dessins / les récitatifs / les deux ? Justifiez votre réponse.

d Le public : A quel public cette BD s'adresse-t-elle ?

e Après la lecture : A votre avis, rit-on des mêmes choses en France et en Allemagne ?

2 Rire de tout son corps

Voici des expressions permettant de décrire le rire d'une personne.
Retrouvez pour chacune de ces expressions la traduction allemande qui lui correspond.

rire à gorge déployée •

rire aux larmes •

mourir de rire •

éclater de rire •

se plier (en quatre) de rire •

se tordre de rire •

se tenir les côtes de rire •

rire dans sa barbe •

rire du bout des dents / des lèvres •

- sich totlachen, sich kranklachen
- sich krumm und schief lachen
- sich ins Fäustchen lachen, heimliche Schadenfreude empfinden
- gezwungen lachen
- Tränen lachen
- sich biegen vor Lachen
- in lautes Gelächter ausbrechen
- sich den Bauch halten vor Lachen
- schallend, laut lachen

B2 La BD de 7 à 77 ans

1 Vrai ou faux ? 👁

→ Stratégie 1, p. 218

a La lecture sélective : Lisez le texte à la page 143 de votre livre. Pour chacune des affirmations, dites si elles sont vraies (V) ou fausses (F). Quand elles sont fausses, corrigez-les.

La BD rassemble les générations. _____

Le Festival de la bande dessinée a lieu à Angoulême en automne. _____

Les aventures de Tintin n'amusent que les jeunes. _____

La grand-mère lit Tintin pour en parler avec sa petite-fille. _____

Le grand-père apprécie la qualité graphique de Titeuf. _____

C'est grâce à Astérix que le grand-père a décidé d'apprendre le latin autrefois. _____

Pour les adultes, le graphisme d'une BD joue un grand rôle aujourd'hui. _____

La BD se vend moins bien ces dernières années. _____

b Quelles sont les différentes significations du mot « populaire » auxquelles l'auteur fait allusion à la fin ?

2 Souvenirs

→ §§ 30 – 34   → Les temps du passé, p. 36

Lisez le texte ci-dessous. Conjuguez les verbes au temps qui convient.

Pendant mon enfance, j'_____ (attendre) toujours avec impatience la sortie de chaque nouvel album

de Thorgal. Je _____ (trouver) le monde créé par Rosinski et Van Hamme fascinant : ce mélange de

mythologie et de fantastique me _____ (faire rêver). Mes amis _____ (adorer) cette BD,

eux aussi. On _____ (dévorer) chaque nouvel album dès sa sortie puis on en _____ (parler)

pendant des heures. En fait, cet univers très particulier _____ (beaucoup marquer)

ma jeunesse. Quand Van Hamme _____ (annoncer) qu'il _____(arrêter) d'écrire les scénarios

de Thorgal, ça _____ (être) un choc ! Après l'adolescence, j' _____(arrêter) de lire des BD.

Je _____ (se mettre à lire) autre chose, des romans surtout. Et puis, un jour, un ami m' _____

(prêter) un album d'Enki Bilal. J'en _____ (entendre parler) avant mais je ne _____

(penser) pas que cet univers de science-fiction me _____ (plaire). Et finalement j' _____

(adorer). Depuis, je _____(collectionner) tous ses albums !

B3 Exit

1 Le mal-être en mots croisés 👁

Complétez la grille de mots croisés avec les mots du texte à la page 144 de votre livre correspondant aux définitions ci-dessous :

1 qu'on ne peut franchir / vaincre
2 ≠ vivre
3 qui ne peut être guéri
4 crainte diffuse pouvant aller de l'inquiétude à la panique
5 ≠ santé

2 Quitter le jeu ? 👁

→ Stratégies 9 + 13, p. 225 + 228

a La « prise de vue » : Dans cet extrait d'Exit, plusieurs plans et perspectives sont empruntés au langage cinématographique. Sur quelle(s) vignette(s) reconnaît-on :

– un plan d'ensemble _____   – une perspective en plongée _____

– un plan rapproché _____   – une perspective neutre _____

– un gros plan _____   – un vol d'oiseau _____

b A en juger par la variété de plans et de perspectives, que peut-on dire du mouvement de la « caméra » ? Comment interprétez-vous ce mouvement ?

c   Mettez-vous par deux et comparez les deux extraits de BD (B1 et B3). Pour ce faire, remplissez le tableau.

	Titeuf	Exit
La forme des cases (carrée, rectangulaire, large, haute, régulière, irrégulière, etc.)		
La mise en page (conventionnelle, originale, statique, dynamique, etc.)		
Le style (réaliste, fantaisiste, caricatural, élaboré, moderne, classique, etc.)		
Les couleurs (vives, claires, sombres, nuancées, contrastées, etc.)		

d   A partir de vos résultats ci-dessus, écrivez un texte qui compare les deux BD et présente votre interprétation de ce tableau.

C1 Notre-Dame de Paris

Les sans-papiers

→ Stratégie 12, p. 227

a   La musique

Ecoutez les 10 premières secondes de la chanson.
Quel(s) instrument(s) entendez-vous ?

☐ du piano électrique   ☐ de la flûte
☐ de la guitare électrique   ☐ de la batterie

Caractérisez le rythme de la musique.

_____

Quelle atmosphère se dégage de cette musique ?

_____

b   L'interprétation

Ecoutez le reste de la chanson.
Caractérisez la voix du chanteur.

_____

Trouvez-vous son interprétation plutôt monotone ou passionnée ? Justifiez votre réponse.

_____

_____

c   Les paroles

Plusieurs mots sont répétés dans la chanson. Relevez-en quelques-uns.

_____

d   Trouvez-vous que l'atmosphère qui se dégage de la musique et de l'interprétation du chanteur (voir a) et b)) illustre bien les mots que vous avez relevés en c) ?

e   Est-ce que cette chanson vous plaît ? Pourquoi ?

C2 Chansons d'hier et d'aujourd'hui

 1 Les paysages de mon enfance...

→ Stratégie 12, p. 227

La musique et l'interprétation : Analysez les deux chansons à la page 146 de votre livre. Pour ce faire, cochez dans le tableau les cases qui conviennent.

	Charles Trenet	Madjao		Charles Trenet	Madjao
La mélodie est			**La voix** est		
simple			douce		
élaborée			forte		
gaie			grave		
mélancolique			claire		
harmonieuse			chaleureuse		
dissonante			expressive		
entraînante					
Le rythme est					
lent			régulier		
rapide			irrégulier		

2 Ça me casse les oreilles !

Pour vous préparer au jeu de rôle (voir LE p. 146), regardez le tableau ci-dessous réunissant différentes réactions suite à l'écoute d'un morceau de musique.

a S'agit-il de jugements positifs ou négatifs ?

b A votre avis, ces remarques se rapportent-elles aux chansons « classiques » ou au rap ? Plusieurs avis sont possibles.

	+	–	Chansons « classiques »	Rap
– Ça me tape sur les nerfs !				
– Je me reconnais dans les paroles.				
– Ça me donne envie de fredonner.				
– Il y a tout un travail au niveau du texte : il y a des jeux de mots et ça rime.				
– C'est toujours le même rythme, c'est trop répétitif.				
– C'est toujours des histoires d'amour à l'eau de rose…				
– La mélodie est entraînante.				
– Les paroles incitent à la violence.				
– La musique manque de créativité.				
– Les paroles abordent des sujets qui me touchent.				
– Les paroles sont engagées.				
– Ça m'ennuie à mort !				
– Il y a un message fort.				
– La musique me donne envie de danser.				
– Ce n'est pas de la musique !				

D1 Le calendrier des festivités

1 Un festival, des festiv...

→ Stratégie 1, p. 218

a La lecture détaillée : Lisez le texte présentant quatre festivals importants (LE p. 147). Remplissez la grille en indiquant le thème du festival, l'endroit où il a lieu, les personnes qui y participent et le prix qui y est décerné (s'il y en a un).

Thème	Lieu(x)	Participants	Prix

b Relisez le texte et faites une liste des verbes se rapportant à des activités autour d'un festival.

2 Activité sur le passif

→ §§ 96 – 97   → La voix passive, p. 26

a Indiquez s'il s'agit de la voix active (a) ou passive (p) dans ces phrases tirées du texte p. 147.

Une « Palme d'Or » récompense le meilleur film.
Tous les grands noms du théâtre se produisent au festival « In ».
Le jury est présidé par un dessinateur.
La Fête de la musique est célébrée le 21 juin.
L'idée de cette fête a été reprise dans de nombreux pays.

b Transformez les phrases actives à la voix passive. La transformation est-elle toujours possible ?

c Transformez les phrases passives à la voix active. La transformation est-elle toujours possible ?

3 Le Festival international des jeux

Comme vous êtes passionné(e) de jeux, vous aimeriez aller au Festival international des jeux qui a lieu tous les ans à Cannes.

a Faites une liste des informations dont vous avez besoin pour organiser votre voyage (dates, hébergement, activités, etc.) puis recherchez-les sur Internet.

b Votre ami(e) n'est pas vraiment motivé(e) pour y aller. Trouvez des arguments qui pourraient le/la convaincre.

D2 20 ans de cinéma français

1 Des enfants chantant en chœur, c'est émouvant ...

→ §§ 93–95

a Retrouvez dans le texte aux pages 148–149 de votre livre :

   – 3 noms qui se terminent en -ant : _____

   – 1 adjectif qui se termine en -ant : _____

   – 3 participes présents : _____

   – 1 gérondif : _____

Pourquoi est-il important de reconnaître la nature grammaticale de ces mots ?

b Comparez les phrases suivantes. Que constatez-vous ?

Les hommes qu'ils ont retrouvés dans les ruines étaient encore vivants.
Trois amis vivant en banlieue font face à l'injustice.

c A vous ! Complétez les phrases ci-dessous par le participe présent ou l'adjectif verbal.

Deux amis d'enfance partage _____ la même passion font un concours de plongée.

Ces films boulevers _____ , symbolis _____ une certaine nostalgie de la société française, ont marqué les esprits.

Avez-vous aimé ce film ? Cochez la case correspond _____ .

Son argumentation convainc _____ m'a fait changer d'avis.

Les films correspond _____ aux goûts du public ont parfois des scénarios surpren _____ .

2 Les genres de film 👁

→ Stratégie 1, p. 218

La lecture détaillée : Classez les films présentés aux pages 148–149 de votre livre selon les catégories suivantes :

– documentaires : _____

– films policiers : _____

– drames : _____

– films d'aventure : _____

– comédies : _____

3 Le 104 👂

→ Stratégie 10 (écoute sélective), p. 226

Vous êtes élève en terminale. Vous vous intéressez à l'art dramatique et au slam mais
votre budget culture est très limité. Vous aimeriez rencontrer des artistes actifs dans ces domaines
qui pourraient vous apprendre quelques-unes de leurs techniques. Vous souhaitez aussi emprunter
quelques livres sur ces sujets.

Ecoutez l'extrait de reportage sur le 104. Allez-vous trouver tout ce que vous cherchez dans ce nouveau
lieu culturel parisien ? Décidez-vous d'y aller ? Justifiez votre réponse avec des éléments du texte.

4 Bilan de santé du cinéma allemand

→ Stratégie 21, p. 237

9

Vous passez un séjour dans un lycée en France. Le prof de français s'occupe de la rédaction du journal du lycée. Le prochain numéro sera consacré au cinéma européen. Le prof aimerait savoir comment se porte le cinéma allemand et vous demande d'écrire un petit texte sur le sujet. Vous vous aidez de cet article pour répondre.

a Soulignez dans le texte les problèmes auxquels le cinéma allemand est confronté et formulez-les librement en français.

_____

_____

_____

_____

b L'auteur évoque-t-il des solutions ?

c Rédigez votre texte.

Zwischen Kinokrise und DVD-Boom

Wenigstens im Jammern sind die Deutschen noch Welt-meister. Ein Jahr nach der Euphorie um den überdurch-schnittlich hohen Marktanteil des deutschen Kinos mit erstmals über 20 Prozent ist die Stimmung unter Ver-leihern und Kinobesitzern wieder im Keller. Warum aber bleibt seit Anfang des Jahres in Deutschland geho-bener Arthouse-Mainstream so hinter den Erwartungen zurück?

Schon seit Jahren gibt es in Deutschland die fatale Ten-denz, sich im Kino nicht „auch noch mit Problemen" auseinanderzusetzen. Kino soll auch im Arthouse-Bereich nach Möglichkeit nur unterhalten. Nun ist es sehr schwer, bei diesem Kinoverhalten anzusetzen und gegen einen offensichtlich vorhandenen gesellschaft-lichen Trend anzugehen. Der deutschen Kinobranche fehlen jedoch Selbstbewusstsein, positive Imagekam-pagnen und Kompromissfähigkeit untereinander.

Nicht zu Unrecht wird die grassierende Filmschwemme von Kinomachern und Verleihern beklagt. Allein in Ber-lin starteten im Vorjahr circa 480 Filme in den Kinos. Auch Andreas Körner – Filmjournalist und Kinomacher aus Dresden – betont, dass Zuschauer von diesem Über-angebot verunsichert sind.

Starten zu viele Filme, ist die Chance, dass sich zwei Kinogänger noch über den gleichen Film unterhalten können, viel geringer, meint Torsten Frehse vom Ber-liner Filmverleih. Leider werden gerade die angeblich unscheinbaren Filme von der Presse immer weniger wahrgenommen. Die Anzahl der Filmstarts steht im krassen Widerspruch zum Platz in den Medien. Mehr als eine Kinoseite in großen Tageszeitungen pro Woche ist nicht drin.

Interessant ist auch eine weitere Entwicklung, bedingt durch den Siegeszug der DVD und die hysterische Antipirateriekampagne der Filmindustrie. Jugendliche gehen weniger häufig ins Kino, sehen sich lieber in der Garage des Vaters beim Sixpack Bier eine DVD mit Freunden an. Durch erschwingliche Beamer bedeutet die DVD wirklich eine ganz andere Konkurrenz als es vor über 20 Jahren die VHS war. Das Gemeinschaftsgefühl des Kinos hat man heute auch, wenn man den Film auf DVD schaut.

Wer sich als Kinofan bewusst für die große Leinwand und den bequemen Kinosessel entscheidet, wird nicht nur durch Werbung und Trailer genervt, sondern vor allem durch diverse „Raubkopierer sind Verbrecher"-Spots. Die sind in ihrer primitiven Machart ein Affront für das Kinopublikum, das genervt reagiert. Für Hans Christian Boese vom Verleih Piffl Medien ist diese ganze Kampagne gerade für Jugendliche „uncool".

Eine Allianz aus amerikanischen und deutschen Groß-verleihern benutzt Internet und DVD-Piraterie als Alibi, um neue Spielregeln zu erzwingen. So soll das der-zeitige, sechs Monate lange exklusive Auswertungsfens-ter des Kinos zu Gunsten von DVD fallen. Verleiher for-dern, dass ihre Filme schon drei Monate nach dem Kinostart erhältlich sind.

Wie aber soll dem Umbruch von Sehgewohnheiten und der mangelnden Attraktivität des Kinobesuches entgegengearbeitet werden? Initiativen und Ideen gibt es viele, nur oft versanden sie schnell, wie der so genannte Filmkanon mit 35 Klassikern, der in den Schu-len verankert werden sollte. Film gehört in die Schulen, wie in Schweden, Frankreich oder Ungarn. Wie und ob die Agentur „Vision Kino" dieses Problem löst, bleibt abzuwarten.

Wenn die Kinobranche den Zuschauer zurück vom Sofa in das Lichtspieltheater locken möchte, muss sie mehr tun als jammern: sich einig präsentieren und das Kino wieder zur Begegnungsstätte machen …

Jörg Taszman, *epd Film* 8/2005 (gekürzt)

D3 Un film fabuleux

1 Les tout petits plaisirs

Au début du film, on voit qu'Amélie a un goût particulier pour les tout petits plaisirs : plonger la main au fond d'un sac de grains, briser la croûte des crèmes brûlées avec la pointe de la petite cuillère et faire des ricochets sur le canal Saint-Martin. Et vous, qu'est-ce qui vous procure une sensation agréable ?

2 Concours de critiques de films

Donnez votre avis sur un film qui vous a touché(e), bouleversé(e), révolté(e)… et gagnez une invitation à assister au tournage du prochain film de Jean-Pierre Jeunet !

Un mensuel culturel organise un concours d'écriture de critiques de films intitulé « Le regard des jeunes ».
Un jury de professionnels récompensera le texte le plus convaincant. A vous de jouer ! Donnez-nous envie ou dissuadez-nous de voir le film que vous avez choisi ! Votre texte devra contenir 250 mots environ.

Arts et culture – Vocabulaire

La liste suivante vous propose un choix de mots qui sont tirés des textes du module et qu'il serait bon de connaître.

Pour tous les adjectifs, cherchez la famille de mots à l'aide de votre dictionnaire.

A2 une contrainte Zwang
le subconscient Unterbewusstsein
une goutte Tropfen
un procédé Verfahren, Vorgehen
un cadavre Leiche
le hasard Zufall
A3 un tableau, une toile Gemälde
un dermatologue Hautarzt
acquérir erwerben; sich aneignen
réjoui,e vergnügt
un particulier Privatperson
l'aéronautique f. Luftfahrt
stupéfiant,e verblüffend
prodigieux, -euse wunderbar
rester de marbre ungerührt bleiben
se foutre de qn fam. auf die Schippe nehmen; pfeifen auf
contemporain, e zeitgenössisch
ignorer qc nicht kennen; ignorieren
B2 l'aîné m. Älteste(r)

rassembler zusammentragen; sammeln
le coup de foudre Blitzschag; Liebe auf den ersten Blick
la fidélité Treue
prouver beweisen
s'attaquer à angreifen; in Angriff nehmen
se tordre (de rire) sich biegen (vor Lachen)
enrichissant,e bereichernd
une passerelle Steg, Überführung
conquérir erobern
exigeant,e anspruchsvoll
un polar fam. Krimi
nier (ver)leugnen
B3 accéder à gelangen zu, erlangen
le manège Karussell; Teufelskreis
une angoisse Angst(zustand)
contraindre zwingen
C familier, -ière vertraut

une blouse Schulkittel
autrefois früher
bercer wiegen
l'insouciance f. Sorglosigkeit
un clocher Kirchturm
une prairie Wiese
effacer ausradieren
un tiroir Schublade
branché,e angesagt; vernetzt
puer fam. stinken
le blé Weizen; fam. Geld
transgénique genetisch verändert
la marée noire Ölpest
D1 une victoire Sieg
le patrimoine Kulturerbe
récompenser auszeichnen, belohnen
D2 la plongée Tauchen
le malaise Unwohlsein, Unbehagen
une cause Ursache, Grund; Sache; Lage
muter versetzen

Le jeu des intrus

10

Trouvez les intrus.

1 le livre – le journal – le jeu vidéo – le magazine – le cahier de vacances
2 le roman – le spot de publicité – l'essai – le récit – la nouvelle – l'article
3 l'auteur – le rédacteur – l'illustrateur – l'ordinateur – l'éditeur
4 le supermarché – le magasin de presse – la librairie – l'agence de voyage

A1 Cherche jeunes lecteurs

1 Les habitudes de lecture en question(s)

→ §§ 74 – 79

a Formulez des questions en employant les éléments donnés ; ajoutez un trait d'union quand c'est nécessaire.
Puis classez ces questions : questions avec est-ce que – questions avec inversion du sujet.

a tu quels de journée A est la que lis ce moments ?
b sens pour quels lire te tu bien endroits Dans ?
c magazines tu Quels lis ?
d Quelles livres sortes tu lis de ?
e tu quelles Pour que raisons est lis ce ?

b Trouvez les réponses aux questions de a).

1 J'adore me tenir informé en lisant des revues automobiles, comme ça je connais les nouveaux modèles.
2 En ce moment, mes semaines sont tellement chargées que je ne trouve pas le temps de prendre un livre ;
quand je rentre le soir, j'aimerais lire, confortablement assise dans un fauteuil mais je suis bien trop fatiguée.
3 Le plus souvent, c'est pour m'occuper quand je m'ennuie ou pour me changer les idées.
4 C'est difficile de trouver la place appropriée : il ne faut pas que ce soit trop bruyant sinon je me laisse distraire.
5 Moi, je lis des bouquins de science-fiction pour m'évader et vivre des aventures fortes.

c A vous ! Faites un sondage auprès de vos camarades en leur posant des questions similaires (voir Projet LE p. 154).

2 Une séduction qui bouscule

→ Stratégie 17, p. 233

Le sujet : La littérature doit-elle uniquement séduire ses jeunes lecteurs ou doit-elle aussi les bousculer ?
(voir Commentaire LE p. 154)

a Comment comprenez-vous les mots-clés de la question ? Cochez la bonne réponse.

séduire, c'est
☐ dire la vérité
☐ attirer fortement
☐ amuser, faire rire

« bousculer » *(sens figuré)*, c'est
☐ draguer
☐ plaire
☐ choquer, bouleverser

b C'est plutôt « séduire » ou « bousculer » ? Choisissez ce qui, à votre avis, convient le mieux puis mettez vos résultats
en commun et discutez des différences.

	Séduire	Bousculer
parler de la vie quotidienne de façon inhabituelle, d'une nouvelle perspective		
raconter une histoire d'amour entre deux personnages extraordinaires		
utiliser un langage sophistiqué		
parler d'une action / d'actions héroïque(s)		
présenter des personnages / des événements effrayants, inquiétants		
raconter la réalité de façon très réaliste		

c Rédigez maintenant une introduction à votre commentaire.

3 Les jeunes et la lecture

a Dégagez le problème soulevé par le document.

b Présentez votre opinion sur le sujet.

c Répondez aux questions de l'examinateur qui vous sont posées sur le CD.

A l'heure de Facebook et de MySpace, le « jeune qui lit » serait une espèce en voie de disparition.
Selon un sondage de la Sofres paru en mars, les habitudes de lecture chez les Français se sont fortement modifiées
depuis 1981. Le nombre de grands lecteurs, c'est à dire ceux qui lisent plus de 20 livres par an, est passé de 14 %
à 9 %. En revanche, le nombre de petits lecteurs (de 1 à 5 livres chaque année) a considérablement augmenté,
passant de 24 % à 35 %. Ainsi les Français lisent. Mais différemment. Et les nouvelles technologies n'y sont pas
pour rien. Génération Internet oblige, les jeunes sont les premiers concernés. Mais contrairement aux apparences,
les nouveaux médias ne sont pas nécessairement ennemis de la lecture. Au contraire, ils peuvent jouer un rôle
déterminant pour la diffusion des livres auprès des 19–23 ans. Car les bloggeurs donnent leur avis, débattent et
le buzz des internautes autour d'un livre influe souvent sur sa diffusion après des jeunes.

Dominique Fernandez, *Le nouvel Observateur*, 10.04.08 (texte abrégé)

A2 Comme un roman

1 Des sentiments qui évoluent au fil de l'action   → Stratégie 4, p. 221

a Relevez dans le texte A2 (LE p.155) des phrases qui expriment la stupéfaction, le désintérêt et la curiosité et/ou l'intérêt.

Stupéfaction	Désintérêt	Curiosité et/ou intérêt

b Lequel de ces sentiments domine chez les élèves au début de l'extrait ? Au milieu ? A la fin ?
A quelles actions du prof cette évolution est-elle liée ?

c Racontez un cours pendant lequel votre intérêt pour un sujet a priori ennuyeux a évolué grâce au prof qui a su le rendre passionnant.

2 Non, non, non !   → §§ 40–44   → La négation, p.12

a Soulignez les phrases correctes.

Ils n'aiment ni lire ni écrire.	Ils aiment ni lire ni écrire.	Ils n'aiment pas ni lire ni écrire
Je ne comprends très bien pas pourquoi.	Je ne comprends pas très bien pourquoi.	Je ne pas comprends très bien pourquoi.
Il y a des ados qui n'ont encore jamais lu de livre.	Il y a des ados qui n'ont jamais encore lu de livre.	Il y a des ados qui encore n'ont jamais lu de livre.
Ne pas un seul élève a interrompu le prof.	Pas un seul élève n'a interrompu le prof.	Pas un seul élève a interrompu le prof.
Ils ne se sont rien dit.	Ils se ne sont rien dit.	Ils ne se sont dit rien.
Le risque de ne pas les intéresser	Le risque de ne les intéresser pas	Le risque ne de pas les intéresser

b Transformez les phrases suivantes en phrases négatives.

A cet âge, on aime encore écouter des histoires. _____

Cette expérience a tout changé dans la vie des élèves. _____

Ils veulent connaître la fin de l'histoire et en commencer une autre. _____

On leur a toujours dit qu'un livre contenait des trésors. _____

Le prof a trouvé quelqu'un qui aime lire. _____

Tout le monde est attentif. _____

Ils ont déjà lu la fin de l'histoire. _____

c Le héros de la BD de Lewis Trondheim dit non à tout : inventez-lui une histoire en utilisant le plus de négations possible.

3 Les cours de littérature reflètent-ils l'air du temps ? F<>D

→ Stratégie 21, p. 237

Vous passez un trimestre dans une école française. Pendant le cours de français, le prof fait lire l'extrait du roman de Pennac (voir texte A2). On vous demande de préparer un court texte sur l'enseignement de la littérature dans les lycées en Allemagne. Pour répondre, vous vous servez de ce témoignage que vous avez trouvé pendant votre recherche sur Internet.

Salo(o)nbildung

Ist heutiger Literaturunterricht zeitgemäß? Ich denke, er ist anachronistisch und versteckt sich vorwiegend hinter altbewährten Werken und Ideen.

Jahr über Jahr werden wir mit Literaturgeschichte und fächerübergreifendem Methodentraining konfrontiert, alles sehr nützlich, sehr interessant. Doch etwas ganz Entscheidendes fehlt, wenn die Schöngeistigkeit von heute die Klassikerliebe der Alten ist. Warum identifizieren sich Jugendliche kaum mit den intellektuellen Zeitaltern der Sartres und Hesses? Weil die heutige Generation der Leser eigene Ideen, ihre ganz eigene Kreativität besitzt. Der Zeitgeist ist viel seichter, ganz anders existenziell und begleitet von Internet und anonymer, medialer Selbstdarstellung. Jugendliche Rebellion findet vorm PC statt, Flucht aus Realitäten mithilfe von Warcraft und CounterStrike. Nur selten noch begleitet uns ein Buch durch Krisen, erst recht wenn es uns Mühe kostet die Lektüre auf unserem Schoß zu verstehen. Shakespeare wirkt zu gestelzt, Goethe zu verwirrt, Heine zu romantisch und Brecht zu rabiat. Über 300 Seiten Prüfungsvorbereitung im Duden behandeln Literaturgeschichte, 150 gehen für eine sachliche Auseinandersetzung mit Textformen und Literaturgattungen drauf. Protokolle und Abhandlungen für die Wissenschaft, Kurzgeschichten und Artikel für die Public Relations und assoziatives Schreiben und Lesen zur Entspannung im Büroalltag. Nicht mal 40 Seiten sind Gegenwartsliteratur, wobei sich nur 2 Seiten auf Literatur nach 1990 beziehen. Soll adäquater Lesestoff für Homer und Goethe auf Nachkriegsautoren wie Brecht und Tucholsky beschränkt bleiben? Wir arbeiten das Alte auf, interpretieren die Meister und verstehen nur wenig von ihrer Meisterlichkeit, da wir den Vergleich kaum wagen können oder er enttäuschend für die heutige Literatur wäre. Der Unterricht zeigt uns ja doch nur eine enge Palette deutscher Akutliteratur, Frisch und Schlink, Alltagszynismus und Identitätsschwierigkeiten. Spaß am Lesen und an der deutschen Sprache entsteht nur durch ein Gefühl der Verbundenheit. Deutschunterricht sollte somit den Versuch unternehmen zu verknüpfen, Schüler mit Schüler, Klassik mit Romantik und Homer mit Grass. Gerade die Schwierigkeit dieser Aufgabe verlangt eine intensive Zusammenarbeit mit den Schülern. Wir müssen selber auf die Suche gehen nach heutiger Lyrik, nach der Dramatik des heutigen Theaters und nach uns selbst, unserem Verständnis von Literatur. Nicht jedem Menschen liegt die Lust am Lesen in einer seiner vielen Gehirnwindungen, manchen fällt es leichter als anderen und doch sind wir alle in bestimmten Bereichen speziell interessiert oder begabt. Das ließe sich viel besser für den Unterricht nutzen, gerade in einem so kreativen und weitläufigen Fach wie Deutsch. Nicht nur miteinander, sondern primär voneinander lernen.

© Tanja Schmidt, Text am 25.02.2007 auf *www.neon.de* veröffentlicht (gekürzt)

A3 Les droits du lecteur

Le droit de choisir son genre littéraire

Lisez les questions. Puis écoutez une seule fois le texte audio et cochez les bonnes réponses.

A quels genres appartiennent les textes que la personne interviewée, Eric-Emmanuel Schmitt, a écrits jusqu'à présent ?

☐ la poésie ☐ le théâtre ☐ l'essai ☐ l'ouvrage philosophique ☐ le conte
☐ le livre d'art ☐ le roman ☐ la biographie ☐ l'article de journal ☐ l'autobiographie

Son nouveau livre appartient au genre suivant :

☐ la chanson ☐ le reportage ☐ la nouvelle ☐ la correspondance

L'avantage de ce genre, selon lui, c'est que…

☐ le lecteur va lire toute l'histoire d'un coup, sans poser le livre.
☐ le lecteur préfère ces histoires aux romans policiers qui sont trop longs.
☐ le lecteur peut lire son livre en cuisinant un risotto.

Ecrire des ouvrages de ce genre, ça prend

☐ moins ☐ autant ☐ plus de temps que d'écrire des romans.

B1 Voleurs d'écritures

1 Un récit au passé → §§ 31–34 → Les temps du passé, p. 36

a Remplissez le tableau suivant.

Infinitif	Passé composé	Imparfait	Plus-que-parfait
			elle s'était refermée
			il avait fait
	j'ai lu		
		je me sentais	
	j'ai pris		

b Expliquez l'emploi des formes verbales ci-dessous en les relisant dans leur contexte (texte B1 LE p. 157).
Reportez-vous aux explications p. 36.

– « habitait » l. 2
– « a commencé » l. 3-4
– « regardais » l. 6
– « avait commencé » l. 8
– « avait ôté » l. 9

c Racontez une histoire (70–100 mots) en utilisant les verbes du tableau de a). Employez le plus-que-parfait, l'imparfait et le passé composé.

2 L'or est dans les livres

→ Stratégie 3, p. 220

a La langue : Les auteurs littéraires emploient souvent un langage imagé. Voici, dans la colonne de gauche, des citations tirées du texte d'Azouz Begag (extrait du livre *Les voleurs d'écriture*, LE p.157). Retrouvez les explications de la colonne de droite qui correspondent aux expressions imagées de la colonne de gauche.

1 « le silence habitait… » (l. 2)

2 « les histoires qui dormaient dans ces livres… » (l. 2)

3 « …comme un point minuscule » (l. 3)

4 « …comme si l'angoisse s'installait en moi » (l. 4)

5 « …comme un voleur professionnel » (l. 6)

6 « c'est toujours plein de richesses dans les livres » (l. 20)

7 « déguster la première phrase » (l. 27)

8 « un livre (…) qui avait l'allure d'un nain à côté des autres » (l. 29)

9 « un livre (…) qui sentait la magie » (l. 30)

10 « une voix sèche a fouetté le silence » (l. 32)

☐ très, très petit

☐ les livres ont une grande valeur (intellectuelle)

☐ lire avec grand intérêt / plaisir la première phrase

☐ qn est arrivé et, en parlant brusquement, a troublé le calme

☐ tout était calme, tranquille

☐ comme qn qui est habitué à voler

☐ un tout petit livre parmi des grands

☐ les histoires contenues dans les livres n'ont de sens que si qn les lit

☐ une sensation qui ressemble à celle qu'on éprouve quand on a très peur

☐ donner l'impression de cacher quelque chose d'inexplicable et de merveilleux

b Soulignez dans la colonne de gauche les métaphores une fois et les comparaisons deux fois.

c Mettez-vous par deux. Chacun combine au hasard un nom de la colonne de gauche et un adjectif de la colonne de droite. Il présente ensuite l'expression imagée ainsi trouvée à l'autre, qui essaie de lui donner un sens.

Exemple : une aventure muette → une aventure dont on ne parle à personne

une fleur
un univers
un vertige
une aventure
une feuille
un trésor

mystérieux, -euse
inquiétant,e
muet, muette
mou, molle
tranquille
élégant,e

B2 Le Goncourt des lycéens

Premières impressions...

→ Stratégie 10, p. 226

a L'écoute globale : Ecoutez le texte audio une 1ère fois. Dans l'interview Philippe Claudel parle de :

☐ sa satisfaction d'avoir gagné le prix Goncourt des lycéens

☐ son roman « Le rapport de Brodeck ».

☐ son adolescence.

☐ sa vie quotidienne d'auteur.

b L'écoute sélective : Ecoutez le texte audio une 2ᵉ fois.

Philippe Claudel considère la liste des lauréats
comme une liste ☐ précieuse.
                  ☐ prétentieuse.
                  ☐ prestigieuse.

Quel âge ont les jeunes qui sont dans le jury ?
☐ entre 16 et 18 ans
☐ entre 6 et 8 ans
☐ tous 18 ans

D'après Philippe Claudel, les livres sont capables de

☐ nous servir de miroir,
☐ nous changer,
☐ nous orienter,
☐ nous faire souffrir,

☐ nous amuser,
☐ nous instruire,
☐ nous nourrir,
☐ nous enrichir.   (5 réponses correctes)

B3 Un moment décisif

1 Ménage à quatre 👁

→ Stratégie 4, p. 221

a La perspective narrative : Lisez le texte de P. Grimbert aux pages 158 – 159 de votre livre. Identifiez le narrateur en répondant aux questions suivantes :

1 Le narrateur raconte-t-il l'histoire
☐ à la première personne (je, nous) → Il s'agit d'un narrateur-personnage.
☐ à la troisième personne (il, elle, ils, elles) → Continuez avec 2.

2 Le narrateur connaît-il les émotions et les idées
☐ de plusieurs personnages ? → Il s'agit d'un narrateur omniscient.
☐ d'un seul personnage ? → Il s'agit d'un narrateur effacé.

Trouvez dans le texte des passages qui illustrent clairement cette perspective narrative.

b Les personnages : Relevez dans le texte les noms des personnages principaux.
Quels rapports ont-ils les uns avec les autres ? Complétez le schéma suivant.

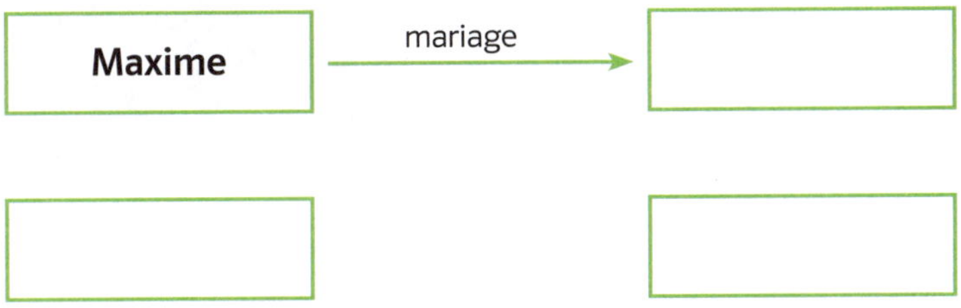

Maxime	→ mariage →	

c Cherchez dans le texte de P. Grimbert des phrases ou des expressions qui montrent que…

1 …Maxime est fasciné.
2 …c'est plus fort que lui, il ne peut résister à l'attirance qu'exerce Tania sur lui.
3 …Maxime admet qu'il a eu le coup de foudre pour Tania.

d L'action : A l'aide de vos réponses ci-dessus, montrez que Maxime vit un moment-clé de sa vie dans ce passage du texte.

2 Un personnage démonstratif

→ §§ 8, 63   → Les adjectifs et les pronoms démonstratifs, p. 16

a Complétez le texte à trous ci-dessous avec l'adjectif ou le pronom démonstratif qui convient.

_____ extrait présente le mariage de Maxime, le père du narrateur. _____ qu'il va épouser, c'est

Hannah. _____ jeune femme sensible et heureuse d'épouser _____ qu'elle aime, est accompagnée

par ses parents. Tous _____ qui comptent pour eux, leurs amis, leurs parents, sont venus à la synagogue.

C'est un jour très important pour Maxime et Hannah : c'est _____ où ils unissent leurs destins. Mais pour

Maxime, c'est aussi _____ où il voit Tania, la femme de son beau-frère, pour la première fois. Il est fasciné

par _____ femme superbe.

Après avoir lu _____ passage, le lecteur se demande si _____ rencontre va avoir des conséquences.

Voici 3 photos du film de Claude Miller tiré du roman *Un secret*.

b Complétez avec un adjectif ou un pronom démonstratif.

– Qui sont _____ femmes ?

– Lesquelles ? _____ qu'on peut voir sur la photo ?

_____ qui porte _____ robe noire, très élégante,

c'est Tania.

– Et l'autre ? _____ avec le chapeau ?

– Je ne sais pas.

c Maintenant, posez des questions sur ces deux photos et répondez-y en suivant le modèle ci-dessus.

– l'enfant = François, le narrateur du livre « Un secret »
– l'adulte = son père, Maxime

– à gauche : Hannah (elle épouse Maxime dans l'extrait)
– à droite : son père
– de dos : Tania

B4 Simple

1 Simple au cœur de l'action

→ Stratégie 4, p. 221

a Les personnages et leurs relations : Trouvez dans le texte B 4 à la page 160 de votre livre des expressions qui expriment

– de l'antipathie pour Simple : _____

– de l'intérêt / de la curiosité à propos de Simple : _____

– de la méfiance envers Simple : _____

b Dans chacun de ces trois passages du texte, un des sentiments cités ci-dessus domine. Lequel ?

l. 1–15 : _____   l. 16–18 : _____   l. 19–30 : _____

c L'action : Décrivez l'évolution des sentiments des quatre jeunes (Aria, Emmanuel, Corentin, Enzo) envers Simple. Identifiez dans le texte l'élément qui déclenche cette évolution et fait ainsi évoluer l'action.

2 Simple prend l'apéritif

Formez des expressions à l'aide des verbes et compléments ci-dessous. Le texte peut vous aider mais d'autres combinaisons sont possibles.

recracher	de l'alcool
goûter	un biscuit
se servir	un bretzel
prendre	le nutella
croquer	une amande
essayer	à boire
bouffer	tous les gâteaux apéritif

C1 Mignonne...

Mon amie la rose 👁

→ Stratégie 12, p. 227

a La forme du poème : Lisez le poème à la page 161 de votre livre et complétez les phrases ci-dessous.

Le poème (= une ode) se compose de trois _____ constituées chacune de six _____. Les _____

suivent le schéma AABCCB (rimes _____).

b Le contenu : Reliez chaque strophe au sujet qui lui correspond :

strophe 1 •   • la mort de la rose le soir

strophe 2 •   • le caractère éphémère de la beauté d'une fleur mais aussi de celle d'une femme

strophe 3 •   • la beauté de la fleur le matin

c Les figures de style : Retrouvez la figure de style et précisez l'effet qu'elle produit.

Extrait du poème de Ronsard	Figure de style	Effet
la rose [portant une] robe de pourpre (l. 3)		
son teint au votre pareil (l. 6)		
Las, las (l. 9)		
cueillez votre jeunesse (l. 16)		

d La forme et le contenu : Lequel des sujets mentionnés en b) est illustré par les figures de style en c) ?

e En conclusion, à quoi invite ce poème ?

C2 Maître Corbeau

Une fable en BD 👁

→ Stratégies 9 + 13, p. 225 + 228

a Le cadre et les personnages : Regardez la BD à la page 162 de votre livre. Décrivez le lieu, le temps ainsi que l'apparence, l'expression du visage, les gestes et les actions des personnages.

_____

_____

_____

_____

b Les plans et mouvements : Sur quelle vignette reconnaissez-vous les plans suivants :

un gros plan	v. 3, v. 5	un plan moyen		un plan rapproché	
un plan d'ensemble		une contre-plongée		une perspective neutre	

Décrivez le mouvement effectué de la vignette 2 à la vignette 3, et de la 4 à la 5.

c Le texte : Retrouvez la définition correspondant à chaque terme de la colonne de gauche. Puis utilisez ces mots pour décrire les éléments textuels de cette BD.

l'onomatopée •   • fragment de texte narratif

la calligraphie •   • espace (en général rond) où sont reproduites les paroles ou pensées des personnages

le récitatif •   • art de former de beaux caractères d'écriture

la bulle •   • « mot » qui imite le son produit par un personnage / un animal / un objet…

C3 Le misanthrope

1 L'homme et ses faiblesses

→ Stratégie 5, p. 222

a Lisez le texte C 3 (LE p. 163), puis fermez votre livre.
Les personnages : Qui des deux, Alceste ou Philinte, dit les phrases suivantes ?

Extrait du Misanthrope	Alceste	Philinte
Je déteste tous les hommes.		
Il faut vivre avec son temps.		
L'homme n'est pas si mauvais que ça.		
Ne soyons pas aussi sévères avec notre époque.		
On s'arrange facilement avec la morale.		
Je ne me mets pas en colère comme vous.		
Franchement, ça me met en rage.		

b Relisez le texte. Quelle vision a Alceste de l'homme ? Et Philinte ? Justifiez votre réponse en citant le texte.

c Les dialogues : Caractérisez le dialogue entre Alceste et Philinte. S'agit-il

☐ d'une conversation décontractée   ☐ d'une discussion animée   ☐ d'un conflit violent ?

2 Têtebleu !

Trouvez dans le texte de Molière les mots / expressions du XVIIe siècle traduites de la manière suivante dans la version moderne :

– je les déteste

_____

– ils sont méchants et font le mal

_____

– un honnête homme

_____

– ne le jugeons pas aussi durement

_____

– je ne me mets pas en colère comme vous

_____

– je m'habitue à accepter ce qu'ils font

_____

– ça ne me choque pas

_____

– un homme malhonnête, injuste ou égoïste

_____

3 La formation des mots

a Recherchez dans le texte de la version moderne les défauts correspondant aux qualités mentionnées.

Vertu (qualité)	Vice (défaut)
honnête	malhonnête
gentil	
bon	

Vertu (qualité)	Vice (défaut)
généreux	
bienfaisant	
juste	

b Certains contraires (défauts) ci-dessus sont formés à l'aide d'un préfixe. Lesquels ?
Connaissez-vous d'autres préfixes qui expriment le contraire ? Donnez des exemples.

c Recherchez dans un dictionnaire la signification et l'étymologie du mot « misanthrope ».

_____

Quel est son contraire ?

Relevez dans la liste ci-dessous d'autres mots qui ont la même origine linguistique que le mot « misanthrope » :
l'anthropologie f. – le philosophe – la dispute – l'alphabet m. – la démocratie – la xénophobie – le livre

C4 Sensation

1 A quoi ça rime ? 👁

→ Stratégie 12, p. 227

a Les rimes : Relevez dans le poème de Rimbaud (LE p. 164) les mots qui riment.

sentiers _____ _____ _____

pieds   nue   _____ _____

b Formez des phrases. Employez toujours deux mots qui riment dans la même phrase.

Exemple : C'est un sentier qui fait mal aux pieds.

2 La nature des sentiments

a Trouvez pour chaque colonne de la grille de gauche et pour chaque ligne de la grille de droite un mot du champ lexical indiqué.

			A	
N	A	T	U	R	E
			B	
			R	
			E	

			S						
	H	E	U	R	E	U	X		
			N						
			T	R	I	S	T	E	
			I						
			M						
			E						
			N						
			T						

b Combinez les mots de la grille de gauche avec ceux de la grille de droite. Expliquez le sens possible de l'expression trouvée.

Exemple : un arbre triste – un arbre qui a perdu ses feuilles en automne

c Réalisez des dessins / des images / des collages qui illustrent les expressions imagées du poème.

– les soirs bleus d'été
– fouler l'herbe menue
– la fraîcheur à mes pieds
– l'amour infini
– l'amour me montera dans l'âme
– j'irai par la nature – heureux comme avec une femme

Préparez une petite exposition de vos œuvres dans la salle de classe.

3 Je ne parlerai pas, je ne penserai rien...

→ § 36

a Relevez les verbes au futur dans le poème :

_____

b Parmi ces explications concernant l'emploi du futur, laquelle convient pour ce poème ?

☐ Le futur simple exprime ce qui va avoir lieu à l'avenir avec une certaine certitude.

☐ Il a une valeur modale et exprime un ordre.

☐ Il a une valeur modale et permet d'exprimer poliment une requête.

c Et vous, que ferez-vous « par les soirs bleus d'été » ?

C5 Rhinocéros

1 Les rapports humains 👁

→ Stratégie 5, p. 222

a Les indications scéniques : Relisez les indications scéniques de l'extrait de Rhinocéros aux pages 165 – 166 de votre livre. Analysez les émotions qui y sont exprimées.

_____

_____

_____

b Les personnages : Comment les rapports entre Daisy et Bérenger évoluent-t-ils au cours de cet extrait ?

_____

c Relevez dans le texte C5 les mots et expressions qui décrivent les rhinocéros. Précisez si ces informations proviennent des indications scéniques ou des personnages. Dans le 2e cas, précisez lequel des deux personnages (Daisy ou Bérenger) fournit ces informations.

Les rhinocéros

Indication scéniques	Selon Daisy	Selon Bérenger

d Pour conclure, caractérisez les rapports qu'a chacun des personnages avec les rhinocéros / les gens à la fin de l'extrait.

2 C'est impératif que tu me soutiennes ! → § 39 (emploi du subjonctif) → L'impératif, p. 5 ; le subjonctif, p. 15

a Cherchez dans le texte C5 des impératifs.

Impératif(s) à la 2e personne du singulier : _____

Impératif(s) à la 1ère personne du pluriel : _____

Impératif(s) avec un pronom : _____

Impératif(s) avec une négation : _____

b Transformez les impératifs de a) en propositions subjonctives.

Bérenger voudrait / aimerait / souhaite que Daisy (que Daisy et lui) …

Daisy voudrait / aimerait / souhaite que Bérenger (que Bérenger et elle) …

C6 Extension du domaine de la lutte

SOS Amitié 👁

→ Stratégie 4, p. 221

a La perspective narrative : Lisez le texte aux pages 166 – 167 de votre livre. Identifiez le narrateur (voir p. 117 si besoin). S'agit-il…

☐ d'un narrateur omniscient   ☐ d'un narrateur-personnage   ☐ d'un narrateur effacé ?

Justifiez votre réponse à l'aide du texte.

b Le narrateur et les personnages : Voici différentes interprétations du rapport du narrateur avec les autres.
   Retrouvez dans le texte les passages qui illustrent ces interprétations.

Interprétation : le rapport du narrateur aux autres	Extrait(s) du texte
Il se sent seul, il a besoin de contacts humains. Il semble ne pas être le seul dans ce cas.	
Il ne croit pas qu'on puisse avoir des contacts sociaux au travail.	
Il a des réactions qui paraissent bizarres aux autres.	
Il a l'impression que les autres ne s'intéressent pas à ses problèmes	
Les autres semblent aller beaucoup mieux que lui, c'est peut-être une manière de dire que ça va très mal.	
Le fait que qn se sente mal psychologiquement n'est pas accepté par les collègues de travail.	

c Que feriez-vous dans les situations suivantes ? Parlez de vos émotions aussi bien que de vos actions.
   Comparez ensuite vos réactions à celle du narrateur.

   – Le 29 décembre, vous vous rendez compte que vous n'avez encore rien prévu pour le 31.
   – Vous vous trouvez face à un psychiatre qui ne semble pas intéressé par vos problèmes.
   – Vous discutez avec une personne qui semble jouer un rôle et ne pas dire la vérité.

d En conclusion, comment caractériseriez-vous le narrateur ? Certaines de ses réactions vous semblent-elles bizarres ?
   Justifiez votre réponse.

Littératures – Vocabulaire

La liste suivante vous propose un choix de mots qui sont tirés des textes du module et qu'il serait bon de connaître.

Retrouvez tous les mots qui ressemblent à des mots d'une autre langue.

A1 une baisse Rückgang
l'évasion *f.* Flucht
omniprésent,e allgegenwärtig
s'inscrire sich anmelden
s'effrayer erschrecken
la citoyenneté Staatsbürgerschaft
séduire qn verführen
l'équilibre *m.* Gleichgewicht
bousculer anstoßen, umwerfen
A2 bien entendu natürlich
à haute voix laut
une rigolade *fam.* Lachen, Spaß
répandu,e verbreitet
une négociation Verhandlung
abominable grauenvoll, grässlich
étouffer ersticken
au bout am Ende
le grenier Speicher, Dachboden
A3 sauter springen, überspringen
se taire schweigen
B1 le silence Stille
inquiétant,e beunruhigend
minuscule winzig
mou, molle weich

l'admiration *f.* Bewunderung
muet, -ette stumm
faire semblant de so tun als ob
le rayon Strahl; (Bücher)regal; Abteilung
un bouquin *fam.* Buch
le trésor Schatz
feuilleter durchblättern
déguster kosten, genießen
le nain Zwerg
B3 le bouquet (Blumen-)Strauß
la pâleur Blässe
insolent,e frech, unverschämt
la silhouette Figur
douloureux, -euse schmerzhaft
bouleversé,e erschüttert
(se) rassurer (sich) beruhigen
l'alliance *f.* Bündnis; Verbindung; Ehering
l'injure *f.* Beleidigung, Affront
B4 réuni,e versammelt
l'installation *f.* Einsetzung; Einzug
emménager einziehen
bourré,e de *fam.* (rand)voll
persuadé,e überzeugt

l'accouchement *m.* Entbindung
une peluche Plüschtier
croquer knabbern
berk ! *fam.* Pfui!
cracher (aus)spucken
une amande Mandel
salé,e salzig
un cendrier Aschenbecher
embarrassé,e verlegen
C1 un pli Falte
cueillir pflücken
C2 le bec Schnabel
l'odeur *f.* Geruch
C4 un sentier Weg
un bohémien Zigeuner
C5 la patience Geduld
désespéré,e verzweifelt
la prétention Überheblichkeit
sot, sotte dumm
C6 se foutre de qc *fam.* pfeifen auf
bronzé,e braun gebrannt
un successeur Nachfolger
la pression Druck
vomir sich übergeben

Un filet médiatique

11

a   Réactivez le vocabulaire thématique se rapportant aux médias. Faites un filet à partir des mots qui vous viennent à l'esprit avant la lecture des textes du module.

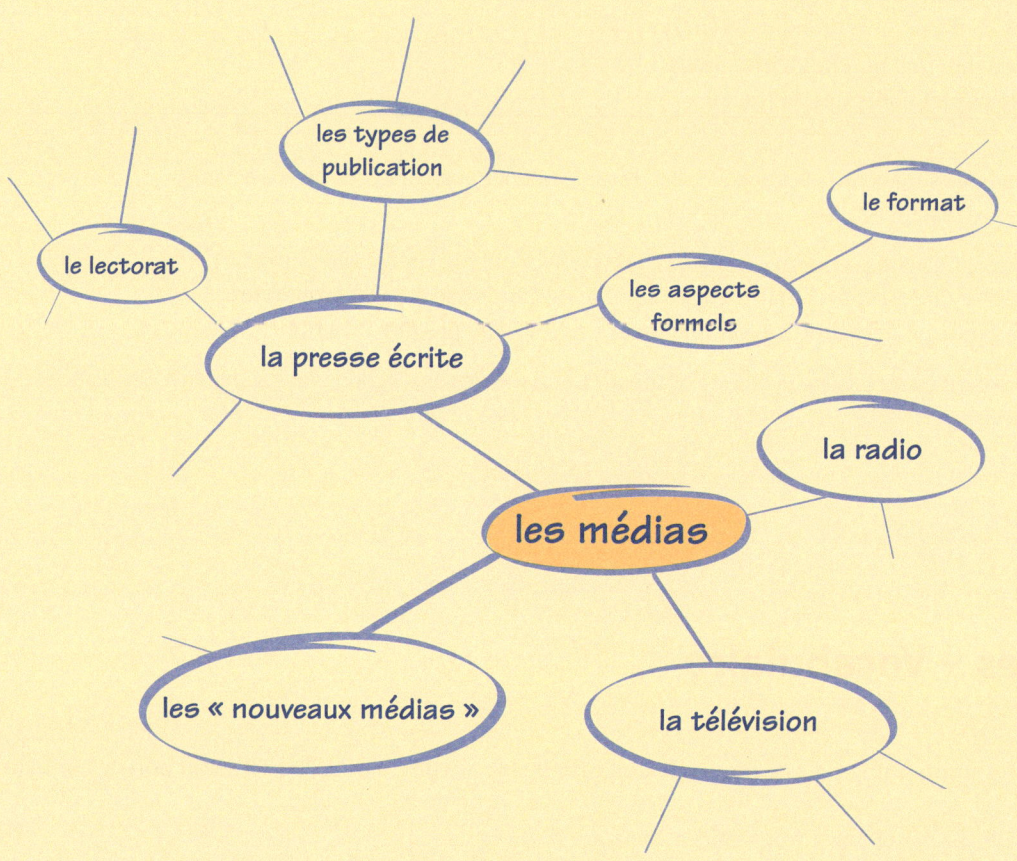

b   Complétez votre filet de mots après chaque texte du module 11 lu en classe.

A1 Lire la presse, à quoi bon ?

Des fractions et des pourcentages

→ Stratégie 7, p. 223

a Indiquez, à haute voix, les fractions correspondant aux pourcentages ou vice versa.

75 % =   1/2 =   1/4 =   20 % =   1/1 =   6/10 =   33,3 % =   12,5 % =

b Complétez maintenant les phrases ci-dessous à l'aide du graphique à la p. 170 de votre livre. Puis lisez-les à haute voix.

Près des 3/4 des jeunes interrogés _____ .

Un peu plus des 2/3 _____ .

Le pourcentage de jeunes qui pensent que _____

est de 64 %, c'est-à-dire _____ 2/3.

A2 Les jeunes et la presse

1 Indicatif ou subjonctif ?

→ § 39   → Le subjonctif, p. 15

a Lisez les expressions ci-dessous. Soulignez celles qui sont suivies du subjonctif.

il est certain que… – je trouve ça important que… – il est évident que… – c'est vrai que… –
ce qui compte, c'est que… – j'aimerais que… – je voudrais que… – il faudrait que… – je ne crois pas que…

b Relisez le texte A2 à la page 171 de votre livre. Relevez…
– des éléments qui vous semblent justes et complétez les phrases :

C'est vrai que _____ .

Il est certain que _____ .

– des éléments avec lesquels vous n'êtes pas d'accord :

Je ne crois pas que _____ .

c A votre avis, qu'est-ce qui est important pour les jeunes ? Complétez les phrases :

Ce qui compte pour les jeunes, c'est que _____ .

Pour qu'ils lisent plus la presse, il faudrait que _____ .

 ## 2 L'avis d'une professionnelle F<>D

→ Stratégie 21, p. 237

Votre corres français passe quelques jours chez vous. Vous entendez à la radio l'interview de Renate Allwicher, responsable de la page x-bay du journal Nordbayerischer Kurier consacrée aux jeunes. Cette interview attire l'attention de votre corres qui souhaite lancer un journal dans son lycée à son retour. Il s'intéresse en particulier aux conseils que donne la jeune femme pour motiver les jeunes à lire la presse.

a Vous avez retrouvé le podcast de l'émission sur Internet. Ecoutez-le et notez, en allemand, les informations qui pourraient intéresser votre corres.

b Relevez 6 – 8 mots-clés dans vos notes. Traduisez/transposez en français ces mots-clés (pas des phrases entières !).

c A partir de vos mots-clés, formulez librement en français les conseils donnés par la jeune femme.

d Ecrivez maintenant l'e-mail à votre corres.

A3 A la une

Les journaux français face aux journaux allemands 👁 ↔

Procurez-vous un quotidien national français et un quotidien national allemand. Complétez la grille.

	journal allemand	**journal français**
format	☐ petit ☐ moyen ☐ grand	☐ petit ☐ moyen ☐ grand
prix	_____	_____
la une	☐ sujet(s) de politique internationale ☐ sujet(s) de politique nationale ☐ sujet(s) de politique régionale ☐ fait(s) divers ☐ un seul titre ☐ plusieurs titres ☐ une photo ☐ plusieurs photos quel genre de photo ? informative / choquante…	☐ sujet(s) de politique internationale ☐ sujet(s) de politique nationale ☐ sujet(s) de politique régionale ☐ fait(s) divers ☐ un seul titre ☐ plusieurs titres ☐ une photo ☐ plusieurs photos quel genre de photo ? informative / choquante…
le contenu du journal	☐ beaucoup de photos ☐ beaucoup de texte ☐ beaucoup de pub ☐ articles longs ☐ articles courts ☐ articles de longueur variée	☐ beaucoup de photos ☐ beaucoup de texte ☐ beaucoup de pub ☐ articles longs ☐ articles courts ☐ articles de longueur variée
les rubriques	_____ _____	_____ _____
le lectorat visé	_____	_____

Quelles similarités et quelles différences avez-vous relevées ?

A4 La crise de la presse écrite

1 Si la presse n'existait plus…

→ § 90
→ Les phrases conditionnelles, p. 8

Continuez la phrase. Employez les éléments donnés puis complétez avec vos propres idées.

Si la presse n'existait plus, les gens…

lire encore moins – s'ennuyer dans les trains et les salles d'attente – regarder encore plus la télé – avoir encore moins d'informations indépendantes / détaillées / spécialisées

2 …il y aurait un manque. ✏

→ Stratégie 17, p. 233

a Lisez ces différentes opinions sur le sujet. Puis positionnez-vous pour ou contre ces avis en utilisant le vocabulaire de la case « On dit » à la page 233 de votre livre.

– Comme déjà peu de personnes lisent la presse, ça ne ferait pas une grande différence.
– On ne saurait plus ce qui se passe dans le monde dans lequel on vit.
– La disparition de la presse serait un danger pour la démocratie.
– Il y a différents moyens de s'informer, la presse écrite n'est pas le seul.
– Chacun doit avoir la possibilité de s'informer de manière plus poussée, seule la presse écrite le permet.
– La disparition de la presse à sensation ne serait pas si dramatique…

b Présentez maintenant votre propre opinion (voir Commentaire LE p. 173). Justifiez-la avec plusieurs arguments.

3 La presse écrite va mourir
→ Stratégie 10, p. 226

a Avant l'audition : A votre avis, quelles pourraient être les causes de la « mort » de la presse écrite ?

b L'écoute globale : Ecoutez le texte audio une 1ère fois. Cochez l'affirmation correcte.

Il s'agit…
- ☐ de l'interview d'un journaliste qui a écrit un livre sur l'état actuel de la presse.
- ☐ d'un débat sur l'expansion économique des médias ayant des sources de revenus réduites.
- ☐ d'un discours de défense de la presse de qualité comme Le Monde.

c L'écoute sélective : Ecoutez le texte audio une 2e fois. Répondez aux questions ou cochez les bonnes réponses.

Qui est Bernard Poulet ? _____

Quel est le titre de son livre ? _____

Quelle est l'information principale communiquée par Bernard Poulet dans la 2e partie du texte audio?

- ☐ Il a fait un cauchemar.
- ☐ Quoiqu'il arrive, il ne travaillera jamais pour un journal en ligne.
- ☐ Même la presse de masse de moindre qualité est concernée par le problème.
- ☐ Les journaux qui ne font pas d'information n'ont aucune importance.
- ☐ La part du chiffre d'affaires des journaux due à la publicité a diminué de façon dramatique.
- ☐ Les journaux d'information doivent parfois faire des scandales.
- ☐ Aucune entreprise n'a autant de problèmes que les éditeurs de journaux de nos jours.

d Après l'audition : Faut-il essayer de sauver la presse écrite ? Expliquez votre réponse.

A5 La charte des journalistes

Le bon usage du dictionnaire
→ Stratégie 2, p. 219

a Que signifient les abréviations suivantes utilisées dans les dictionnaires ? Donnez des exemples.

adj. _____ adv. _____ n. f. _____ n. m. _____

v. tr. _____ v. intr. _____ v. pron. _____

b Lisez les définitions des deux mots ci-dessous extraites du dictionnaire Micro Robert Poche / PONS.
Cochez pour chaque mot celle qui convient dans le contexte du texte A5 (LE p. 174). Justifiez votre réponse.

adopter v. tr. 1 Prendre légalement pour fils ou pour fille. *C'est une enfant qu'ils ont adoptée.* ☐
        2 Traiter comme qn de la famille. *Les enfants ont vite adopté leur nourrice.* ☐
        3 Faire sien en choisissant, en décidant de suivre. (…)
          Adopter un projet, une opinion, une mode. ☐
        4 Approuver par un vote. *L'Assemblée a adopté le projet de loi.* contr. rejeter ☐

source n. f. 1 Eau qui sort de terre. *Les sources thermales.* (…) ☐
        2 (Abstrait) Origine, principe. *La source d'une erreur.* (…) ☐
        3 Origine d'une information. *Source officielle, officieuse.* (…) ☐
        4 Corps, point d'où rayonne (une énergie). *Source de chaleur, source lumineuse.* ☐

c Vous n'êtes sûr(e) ni du sens du mot « exercice » dans ce contexte, ni de celui des mots « enquêter », « confidentiel » et « garanti ». Recherchez la définition qui convient dans un dictionnaire unilingue.

A6 Honnêtes, les journalistes ?

1 Des précautions de langage… → § 38 → Les phrases conditionnelles, p.8

a Expliquez l'emploi du conditionnel dans les deux phrases suivantes tirées du texte A6 (LE p. 174–175).

Le site publie une information selon laquelle le Président aurait envoyé un SMS à son ex-femme Cécilia. (l. 1–3)
En fait il ne s'agirait que d'une confidence d'un informateur. (l. 6–7)

b Expliquez la phrase suivante, tirée du troisième texte A6 (l. 35–36).

On remarquera le passage du conditionnel au présent : le journaliste ne prend pas
la moindre précaution de langage.

c Vous êtes journaliste. Votre chef trouve que vous n'avez pas pris assez de précautions.
Il vous demande d'employer le conditionnel au lieu de l'indicatif.

D'après un site Internet spécialisé dans les enquêtes à grande échelle,

– les Belges ~~lisent~~ _____ plus de BD que les Français.

– les journalistes ~~mentent~~ _____ plus que les avocats.

– un villageois ~~prend~~ _____ plus souvent les transports en commun qu'un citadin.

– un Français sur deux ~~ne sait pas~~ _____ où se trouve Berlin.

2 Le procès d'un journaliste

a Avant le jeu de rôle (voir Jeu de rôle LE p. 175) : Pour vous préparer, retrouvez qui fait quoi.

Il défend son client dont il veut prouver l'innocence. ● ● le témoin
C'est « l'accusateur » qui veut démontrer la culpabilité de l'accusé. ● ● le juge
On lui reproche d'avoir désobéi à la loi. ● ● le procureur
C'est lui qui mène le débat et prononce la sentence. ● ● l'avocat
Il raconte ce qu'il a vu ou entendu. ● ● l'accusé

b Qui dit quoi ? (Attention : plusieurs réponses possibles.)

Je plaide coupable. _____ J'ai vu M. …_____

M. …, vous êtes accusé de… _____ J'admets que… _____

Je plaide non coupable. _____ Je n'ai rien à avouer. _____

Reconnaissez-vous les faits ? _____ Qu'avez-vous à dire pour votre défense ? _____

La victime vous reproche de… _____ M. … vous êtes condamné à… _____

c Le procureur prépare les questions qu'il va poser au(x) témoin(s) et à l'accusé. Formulez-en 10.

d Après le jeu de rôle : Un journaliste présent au procès raconte ce qui s'est passé. Ecrivez un court article sur le procès.

A7 La liberté en danger !

Reporters sans frontières sur Internet

a Allez sur Internet et ouvrez un moteur de recherche. Tapez l'expression : reporters sans frontières.
Combien de sites Internet est-ce qu'on vous indique ?
Comment pourriez-vous rendre votre recherche plus précise ?

b Allez ensuite sur le site www.rsf.org. Décrivez la page qui s'ouvre.
Les informations sur Reporters sans frontières présentées sur le site officiel de l'organisation vous suffisent-elles ?

c Recherchez le classement mondial en tapant sur le moteur de recherche : « reporters sans frontières » classement.
Parmi les sites proposés, lequel allez-vous ouvrir en premier ?

Consultez le classement. Trouvez le rang de l'Allemagne, de la France et de cinq autres pays qui vous intéressent.

d Quels critères ont joué un rôle pour établir ce classement ? Citez quelques exemples.
Où / comment les avez-vous trouvés ?

e Après la recherche : Etait-ce facile / difficile de trouver les informations demandées ?
Comment est-ce que vous trouvez le site de « Reporters sans frontières » ?

B1 Moderne esclavage

1 Incroyable ! 👁 👄

→ Stratégie 14, p. 230

a Relevez dans le texte de la BD de Philippe Tastet à la page 177 de votre livre les mots / expressions que
les deux interlocuteurs utilisent pour…

– engager la conversation : _____ – commenter ce que dit l'autre : _____

Qu'expriment les commentaires que vous avez relevés ?

b Complétez les minidialogues.

– _____ – _____

– Non. Je ne suis pas au courant. – Incroyable !

– _____ . C'est bizarre, non ?

– Ça ne m'étonne pas.

– _____

– Oui, bien sûr, je t'écoute.

2 Fréquence et chronologie

→ § 85

a Recopiez le texte ci-dessous en remplaçant les mots / expressions soulignés par des mots / expressions synonymes.

Quand il est chez lui, Adrien <u>ne fait que</u> regarder la télévision. Du lundi au vendredi, il est assis devant son écran
de télé <u>de 18 heures à minuit</u>. Il ne veut surtout pas manquer ses séries préférées. <u>A 20 heures et à 22 heures</u>,
il court à la cuisine pour se préparer quelque chose à manger ou à boire. <u>Dès qu'il y a une coupure de publicité</u>,
il en profite pour zapper. Dans la semaine, Adrien <u>ne</u> sort donc <u>pas souvent</u>. Il n'a pas le temps de voir ses amis.
Seul son chat vient <u>de temps en temps</u> lui tenir compagnie sur le canapé. Le week-end, c'est encore pire…

b Racontez le week-end d'Adrien en employant les mots suivants :
d'abord – il commence par… – puis – ensuite, il passe à… – en même temps – enfin – il finit par…

c Complétez le texte à trous avec : avant / avant de / avant que.

Il s'installe confortablement _____ le film commence.

_____, il ne regardait que les films. Maintenant, il regarde aussi les émissions de télé-réalité.

Il ferme les volets _____ la nuit pour que son salon ressemble à une salle de cinéma.

_____ éteindre la télé, il vérifie une dernière fois qu'il n'y a plus rien d'intéressant

sur les autres chaînes.

d Améliorez les phrases suivantes en suivant le modèle.

Exemple 1 : Avant qu'il allume la télé, il consulte le programme → Avant d'allumer la télé, il consulte le programme.

Avant qu'il aille se coucher, il zappe une dernière fois. Avant d'_____.

Avant que la faim ne le dérange, il se fait un sandwich. Avant d'_____.

Après qu'il a vu l'émission, il a décidé de devenir chanteur. Après _____.

Exemple 2 : Il prend son dîner avant que le film commence. → Il prend son dîner avant le début du film.

Après que ses amis l'ont appelé, il éteint son téléphone pour ne pas être dérangé.

_____.

La télé a continué de marcher jusqu'à ce qu'il se réveille. _____.

B2 A vos risques et périls

1 Rêve et (télé-)réalité 👁

→ Stratégie 8, p. 224

bidon *ici* nul – **un sas** *ici* Schonungsraum – **un plongeon** *ici* Absturz – **infime** très petit

Regardez l'image ci-contre.

a Quel genre d'émission diffusent les télés ?

_____

b Décrivez ce que vous voyez de chaque côté du « mur de télévisions ».

_____

_____

_____

c Quel rôle jouent ces émissions pour les ados selon l'homme qui fait passer les castings ? (voir texte dans la bulle du haut)

_____

_____

_____

d Quel message veut faire passer l'auteur avec ce dessin ?

_____

_____

2 Sympa, ce type, hein?

→ Stratégie 6, p. 223

a Choisissez parmi les adjectifs ci-dessous ceux qui conviennent pour décrire le narrateur du texte B2 (LE p. 177 – 178). Justifiez votre choix avec des éléments du texte.

fier – sympa – sensible – sûr de lui – grossier – naïf – respectueux – vulgaire – généreux – chaleureux – méprisant

_____

_____

_____

b Relevez dans le texte des exemples de langage familier. Quel effet cela produit-il ?

c Ce narrateur-personnage vous est-il sympathique ?

d Mettez ce texte en rapport avec l'image de l'exercice précédent, p. 130.

B3 Marre de la manipulation !

1 Un coup de gueule

Lisez le texte B3 (LE p. 178 – 179) puis répondez aux questions en cochant la bonne réponse ou en écrivant l'information demandée.

L'auteur du texte ☐ raconte son expérience.
☐ argumente pour convaincre le lecteur.
☐ cherche à influencer le lecteur pour le pousser à agir.

Le réel problème, ce n'est pas l'invention de la télévision, mais l'utilisation que les gens en font.

vrai ☐ faux ☐ la preuve : _____

De nos jours, il y a très peu de familles qui n'ont pas de télé.

vrai ☐ faux ☐ la preuve : _____

L'auteur se fait du souci pour la santé des enfants qui regardent la télé tous les jours.

vrai ☐ faux ☐ la preuve : _____

Si les gens sont intolérants, paranoïaques et superficiels, c'est à cause de la télé.

vrai ☐ faux ☐ la preuve : _____

Relevez 2 exemples de manipulation par la télé cités par l'auteur :

_____

Expliquez l'expression « polluer la mentalité des populations » (l. 2) : _____

2 Le français et l'anglais, de vrais amis ?

→ Stratégie 2, p. 219

Trouvez dans le texte B3 de votre livre les mots français correspondant aux mots anglais suivants.

the population		equipped		the scientist	
the product		the citizen		the industrials	
the usage		brilliant		to vote	
racist		the origin		to invent / the invention	
stupid		to pollute			

B4 Les guignols font l'info

Un homme exemplaire 🔊 👁

→ Stratégie 11, p. 226

a Avant le visionnement : Lisez les informations communiquées à la page 179 de votre livre.

b L'écoute / La vision globale : Regardez l'extrait des Guignols une 1ère fois.
Cochez la bonne réponse.

L'extrait nous montre…
- ☐ la vie quotidienne d'un citoyen moyen.
- ☐ la vie privée d'un citoyen engagé.
- ☐ la journée d'un citoyen modèle.

c L'écoute/La vision sélective : Regardez une 2e fois les 15 premières secondes de l'extrait.
Complétez la phrase ci-dessous :

L'extrait nous montre la France des 5 années à venir si _____ .

Regardez l'extrait en entier une 2e fois. Complétez les expressions du tableau avec le mot qui convient :

un – bu – femme – film – cinq – fumé – meilleur – l'Irak – travail

donner le _____ de lui-même		regarder le dernier _____ de Christian Clavier	
terminer son _____ pour lequel il est payé 1200 € / mois		appeler sa _____ au Mali	
rentrer chez lui doucement sans avoir_____, sans avoir _____		partir pour _____ pour épauler les forces armées américaines	
se réveiller à _____ heures		se brancher sur Europe _____	

Remettez ensuite ces actions dans l'ordre (regardez une nouvelle fois l'extrait si besoin).

Regardez l'extrait une dernière fois. Quand entendez-vous les expressions ci-dessous ?
Attribuez à chaque expression du tableau (tirée de l'extrait) une des trois images.

1    2    3

avoir échoué au test de français		travailler sept heures de suite		être payé 1200 euros par mois	
donner le meilleur de lui-même		être marié depuis cinq ans		lutter d'arrache-pied	
épauler les forces armées		mettre un « s » à « choux »		faire progresser le chiffre d'affaires de son entreprise	
ne pas pouvoir entrer en France		à la pause-déjeuner			

Quelles associations entre texte et image créent un effet comique ?

d Après le visionnement : Que pensez-vous des « qualités » et « bonnes actions » de ce citoyen ?

B5 Les zappeurs

1 Etes-vous « multitâche » ?

→ §§ 91–92

a Regardez la 1ère vignette de la BD d'Ernst à la page 180 de votre livre.
  Expliquez comment et pourquoi le père corrige ce qui est dit à la télé.

b Antoine a l'habitude de faire plusieurs choses en même temps. Formez des phrases en combinant les éléments
  ci-dessous à l'aide d'un gérondif.

  faire ses devoirs – regarder la télé – jouer à des jeux vidéo – écouter de la musique – chatter sur Internet – manger

c Et vous ? Vous faites certainement aussi plusieurs choses en même temps. Racontez.

2 Pour ou contre ?

→ Stratégie 15, p.231

a Décidez si les arguments suivants expriment une opinion pour ou contre la publicité à la télé (voir Discussion LE p. 180).

  La publicité informe sur de nouveaux produits.
  La publicité est souvent mensongère.
  La publicité est divertissante quand elle est amusante.
  Grâce à la publicité il y a plus de couleurs dans les rues.
  Le secteur de la publicité crée des emplois.
  C'est très gênant que les films à la télé soient coupés par des spots publicitaires.

b Relevez les arguments avec lesquels vous êtes d'accord. Complétez-les éventuellement avec vos propres arguments.
  Choisissez-en 3 et classez-les du moins convaincant au plus convaincant.

B6 Une télé sans pub ?

1 Jeu lexical

Retrouvez les mots / expressions du texte B6 (LE p. 181) correspondant aux mots / expressions en allemand ci-dessous.
Pour cela, inscrivez dans chaque case la lettre correspondant au chiffre indiqué.

Finanzierung – öffentlich-rechtlicher Fernsehsender – einen Film unterbrechen –
das Geld bereitstellen – Rundfunkgebühr – die Vorzüge anpreisen – Abschaffung –
Übertragungsrechte – ein Vermögen kosten – kultureller Anspruch

¹L	²A	³M	⁴E	⁵I	L	L	⁶E	U	⁷R	E	⁸D	E	⁹S		¹⁰P	U	¹¹B	L	⁵I	¹²C	⁵I	¹³T	¹⁴É	⁹S
⁴E	⁹S	¹³T		⁶U	¹⁵N		¹¹B	¹⁶O	¹⁵N		¹⁰P	⁷R	¹⁶O	⁸D	⁵U	I	¹³T							

12	16	6	10	4	7		6	15		17	5	1	3		
8	7	16	5	13	9		8	4		8	5	17	17	6	9	5	16	15
9	6	10	10	7	4	9	9	5	16	15					
17	16	6	7	15	5	7		1		2	7	18	4	15	13
12	16	19	13	4	7		6	15	4		17	16	7	13	6	15	4
2	3	11	5	13	5	16	15		12	6	1	13	6	7	4	1	1	4
17	5	15	2	15	12	4	3	4	15	13					
20	2	15	13	4	7		1	4	9		3	14	7	5	13	4	9
7	4	8	4	20	2	15	12	4							
12	21	2	22	15	4		10	6	11	1	5	23	6	4	

2 Si tu veux ! Quand tu veux !   → § 85

a Lisez les phrases prononcées par Yvan aux lignes 13 – 15 du texte B6 à la page 181 de votre livre. Traduisez-les en allemand. Comment avez-vous traduit « si » et « quand » ? Expliquez la fonction de ces conjonctions.

b Si ou quand? Justifiez votre choix.

_____ la pub est supprimée, on ne pourra plus faire de pause pipi pendant un film !

Tous les jeudis, c'est soirée ciné chez moi. _____ le film commence, on est déjà tous installés dans le canapé.

c A vous ! Répondez aux questions ci-dessous.

Qu'est-ce que vous faites quand le film que vous regardez est coupé par de la pub ?
Et que ferez-vous si la redevance augmente ?

B7 La télé de la francophonie

Préparation de l'exposé   → Stratégie 22, p. 238

a Pour préparer votre présentation (voir Internet LE p. 182), collectez des informations sur l'émission choisie :

– la catégorie (fiction, divertissement,   – la durée + la fréquence,   – si possible, la structure.
magazine) et le sujet général (par ex.
science, société…),

b Présentez brièvement (en 3–4 phrases) le contenu de cette émission.
Si vous pouvez la visionner, résumez ce que vous avez vu.

c Pourquoi avez-vous choisi cette émission ? Dites ce qui vous paraît intéressant / ce qui vous a plu.

C1 Dernières nouvelles !

Une lettre officielle   → Stratégie 19, p. 235

Pour préparer votre lettre ouverte (voir Ecriture LE p. 182), complétez les débuts de phrases ci-dessous :

Cher Monsieur,
Nous nous permettons de _____

Malheureusement, _____

Nous vous serions reconnaissants de _____

_____ (+ *formule de politesse*).

C2 Info ou intox ?

1 Un risque de désinformation

a Voici des mots tirés du texte C2 (à la page 183 de votre livre). Expliquez la signification des préfixes suivants.

incertain – **ré**affirmer – **dés**information – **ir**remplaçable – s'**auto**proclamer

b Formez des phrases. Utilisez le mot-racine sans préfixe et le même mot avec préfixe dans la même phrase.

Exemple : Il est certain qu'il viendra, mais ce qui est incertain, c'est à quelle heure.

c Ajoutez l'un des préfixes de a) aux mots suivants et expliquez comment le sens du mot change.

réel – organiser – détermination – intérêt – humain – réversible – agréable– sensible

2 Un foisonnement d'informations → Stratégie 18, p.234

Lisez le texte C2. Trouvez, pour chaque paragraphe, la phrase qui le résume le mieux.

§ 1   Internet offre énormément d'informations mais pas toujours avec la rapidité nécessaire.
(l. 1 – 10)   Internet offre une énorme quantité d'informations à une rapidité infernale.
        Chaque internaute est non seulement consommateur d'informations, mais il peut aussi en être l'auteur.
        Très souvent on trouve sur *Google News* des informations qui ne sont pas correctes.

§ 2   Internet présente l'avantage de permettre à chacun de s'exprimer librement mais comme
(l. 11 – 18)   il n'y a pas de contrôle, les informations sont peu fiables.
        Les médias traditionnels souffrent de la concurrence avec Internet parce qu'ils doivent maintenant
        contrôler la validité des informations qu'on peut y trouver.
        Internet est fait pour manipuler les gens et pour diffuser des informations qui ne passent pas
        par les médias traditionnels.

§ 3   Il faut absolument créer un organisme qui contrôle Internet comme on l'a fait pour la télévision.
(l. 19 – 24)   Les internautes sont capables de reconnaître la vraie valeur d'une information diffusée sur Internet.
        Il faudrait enseigner aux utilisateurs des nouveaux médias comment bien s'en servir.

3 Danger ou chance ?

Une grande enquête a été lancée sur le site Internet de Radio France sur le sujet suivant : Le foisonnement d'informations sur Internet est-il une chance ou un danger ? Un forum a été ouvert pour que les jeunes et moins jeunes, français et francophones s'expriment sur le sujet.
Vous décidez d'y participez. Votre contribution au forum contiendra 250 mots environ.

Les médias – Vocabulaire

La liste suivante vous propose un choix de mots qui sont tirés des textes du module et qu'il serait bon de connaître.

Relevez les mots qui ressemblent à des mots allemands. Y a-t-il des faux amis parmi eux ?

A2 un a priori *lat.* Vorurteil
viser qn / qc zielen auf, bezwecken
une tranche d'âge Altersschicht
jeter un œil einen Blick werfen
A4 numérique digital
une mutation Wandel, Veränderung
le lectorat Leserschaft
perceptible wahrnehmbar
l'impression *f.* Druck, Eindruck
un atout Trumpf
la proximité Nähe
un périodique Wochen- oder Monats-
    zeitschrift
A5 adopter (une loi) (ein Gesetz) verab-
    schieden
enquêter untersuchen, ermitteln
révéler verraten; an den Tag bringen
confondre mischen
A6 un scoop *angl.* Sensationsnachricht
avouer zugeben, eingestehen
une confidence vertrauliche Mitteilung

un viticulteur Winzer
un vignoble Weinberg
l'AFP *Agence France Presse*, französische
    Presseagentur
se jeter sich stürzen
fournir besorgen, beschaffen
une précaution Vorsichtsmaßnahme
un témoignage Zeugenaussage
la réputation Reputation, Ruf
A7 franchement ehrlich; also wirklich !
B2 trinquer anstoßen
un téléspectateur Fernsehzuschauer
un mannequin Model
une racaille *fam.* Abschaum
se débrouiller *fam.* zurechtkommen
osé,e gewagt
mineur,e minderjährig
B3 l'usage Gebrauch, Verwendung
un foyer Haushalt
équiper ausstatten
mensonger, -ère verlogen

le goût Geschmack
un artisan Handwerker,
allumer anschalten
hypocrite heuchlerisch
complexé,e verklemmt
B5 à volonté nach Belieben
déguster kosten
un en-cas Zwischenmahlzeit
un festin Festmahl
la digestion Verdauung
B6 applaudir applaudieren, klatschen
subir ertragen
une coupure Schnitt, Unterbrechung
vanter rühmen
envisager in Betracht ziehen
le box-office *etwa:* Hitparade für Filme
l'ambition *f.* Ehrgeiz; Anspruch
C2 accélérer beschleunigen
en provenance de aus … kommend
fiable zuverlässig, vertrauenswürdig
un outil Werkzeug

Vive le pr...

12

Recomposez la phrase ci-dessous en remettant les syllabes dans l'ordre.

sons – tech – tion – de – le – tec – Vi – pro – nique – na – pro – pen – grès – mais – à – ve – la – ture – la !

_____

A1 Cocorico !

Passive, la France ? → §§ 96 – 97   → La voix passive, p. 26

a   Les phrases suivantes sont à la voix passive. Mettez-les à la voix active.

Le béton armé a été inventé en 1848 par le Français Joseph Lambot.

_____

Les premiers TGV sont mis en service en 1981.

_____

b   Les phrases suivantes sont à la voix active. Mettez-les à la voix passive.

Les Etats-Unis sortent les plus grands succès commerciaux.

_____

On attribue généralement les débuts du cinéma aux frères Lumière.

_____

En 1974 Roland Moreno a réuni un microprocesseur, une mémoire, un port et un système de protection sur une petite carte.

_____

c   Formez des phrases à l'aide des éléments suivants. Employez la voix passive.

1770 / le dentier / concevoir *(part. : conçu)* / Alexis Duchateau

_____

1783 / le parachute / créer / Louis-Sebastian Lenormand

_____

1790 / le premier vélo / construire / comte Mede de Sivrac

_____

1811 / les premières boîtes de conserve / produire / Nicolas Appert

_____

1829 / l'écriture *(f)* Braille / inventer / Louis Braille

_____

1859 / le premier réfrigérateur / produire / Ferdinand Carré

_____

1898 / la radioactivité / découvrir / Pierre et Marie Curie

_____

A2 TGV Est : une réussite française

 1 Le TGV Est

Lisez le texte A2 (LE p. 187) puis répondez aux questions en cochant la bonne réponse ou en écrivant l'information demandée.

On a commencé à construire les rails du TGV Est il y a 30 ans.

vrai ☐ faux ☐ la preuve : _____

Le TGV facilite les voyages entre les villes de province.

vrai ☐ faux ☐ la preuve : _____

Les Français ont raison d'être fiers de cette invention.

vrai ☐ faux ☐ la preuve : _____

Le TGV ☐ est luxueux et coûte cher.
         ☐ est très confortable et, en plus, chacun peut en profiter.
         ☐ est confortable mais toujours complet.

Citez 3 avantages du TGV Est.

_____

2 Un grand succès critiqué   → §§ 64, 93–95

a Traduisez les phrases du texte A2 (LE p. 187) indiquées ci-dessous :

Le TGV Est… (l. 3–4) _____

Pour l'Est… (l. 14–15) _____

Comme celui… (l. 16–17) _____

b Remplacez les participes de ces 3 phrases (ex. 1 : « engagée », ex. 2 : « souffrant », ex. 3 : « passant »)
   par une proposition relative.

_____

_____

_____

c Remplacez les propositions relatives en italiques par des participes.

Dans une interview *qu'il a donnée à un journaliste télé,* Jean-François Bellun critique beaucoup la nouvelle ligne de TGV. Cette ligne, *qui a été inaugurée officiellement en mars 2007,* est considérée dans tous les médias français comme un grand succès. Bellun, quant à lui, met en avant de nombreux inconvénients *que l'on a rarement évoqués.* Certains citoyens, *qui habitent à proximité de la ligne nouvellement construite,* n'ont pas réussi à se faire entendre. Les ponts et les tunnels *qui défigurent le paysage* posent selon lui un problème qu'il ne faut pas passer sous silence. Bref, les médias *qui ne s'intéressent qu'au record de vitesse* (574,8 km/h) se laissent aveugler par les prouesses techniques. Dans son livre « TGV – Train à Grand Vacarme » *qu'il a écrit et publié l'an dernier,* il explique ainsi en détail tous les problèmes écologiques *que cette nouvelle ligne de chemin de fer a occasionnés.*

3 Quelle pub pour le TGV ?

→ Stratégie 8, p. 224

a Laquelle des publicités ci-dessous préférez-vous ? Dites pourquoi. Parlez des moyens publicitaires (éléments visuels : personnes, produit, couleurs… et textuels) et du message de chaque publicité.

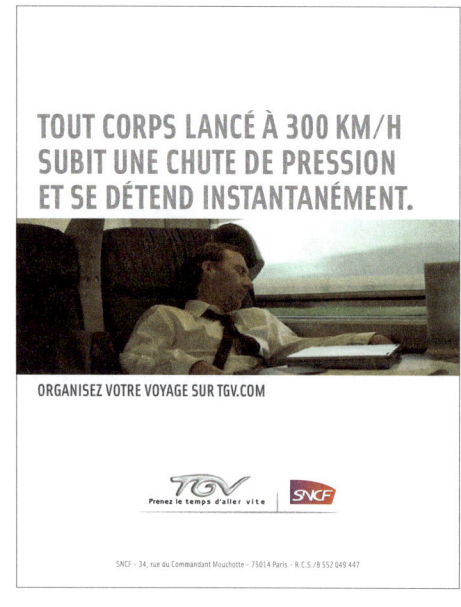

b Discutez en groupes de 3 à 4 personnes des critères d'une bonne publicité. Faites une liste de ces critères. Trouvez-en au moins cinq.

A3 Un TGV européen

Le rapprochement des peuples

→ Stratégie 10, p. 226

a Avant l'audition : Quelles informations la consigne à la page 187 de votre livre vous donne-t-elle sur le texte audio ?

b L'écoute globale : Ecoutez le texte audio une 1ère fois. Combien de personnes parlent ? Où l'interview a-t-elle lieu ?

c L'écoute sélective : Ecoutez le texte audio une 2e fois. Cochez dans les phrases ci-dessous l'élément qui convient.

Le nouveau TGV s'appelle :	– TGV Est européen ☐	La clientèle concernée, c'est :	– 7 millions ☐
	– TGV Europe ☐		– 27 millions ☐
	– TGV France – Allemagne. ☐		– 37 millions ☐ d'Européens.

Les trains français (TGV) sont construits par :	– Alstom ☐	Les deux tiers des voyageurs seront	– Français ☐
	– Eurospace ☐		– Allemands. ☐
	– Siemens. ☐		

Trouvez un mot que Mme Idrac répète plusieurs fois : _____

d L'écoute détaillée : Ecoutez le texte audio une 3e fois. Ces phrases résument les grandes idées du texte audio. Remettez-les dans l'ordre.

- D'autres projets européens ont été lancés, comme par ex. le tunnel entre Perpignan et Figueras. _____
- Le nom de ce TGV explique tout de suite ce qu'il est. _____
- En ce moment, tout s'accélère en Europe. _____
- Sur le plan technique aussi, c'est extrêmement innovant. _____
- Ce qui est aussi très important, c'est que ce train sera exploité avec la Deutsche Bahn. _____
- L'Europe est une chance et Mme Idrac est heureuse de diriger une entreprise qui agit à l'échelle européenne. _____
- Les relations européennes se font grâce aux voyageurs qui utilisent ces trains tous les jours. _____

e Après l'audition : Le TGV Est, un projet innovant ? Résumez les idées de Mme Idrac.

A4 Du grand art !

Un paysage défiguré ?   → Stratégies 8 + 15, p. 224 – 231

Mettez-vous par deux. Observez les photos ci-contre.

a Choisissez celle où le paysage vous apparaît le plus défiguré
   sans dire à votre camarade de laquelle il s'agit. Décrivez cette
   photo à votre partenaire qui doit alors reconnaître celle que
   vous avez choisie. De la même manière, votre camarade doit
   vous faire deviner celle qu'il a choisie.

b Discutez ensuite des raisons qui vous ont fait choisir ces photos.

un barrage Staudamm

B1 Menaces sur la planète

Les menaces cachées

Trouvez dans la grille les verbes (à l'infinitif) correspondant
aux noms donnés et les noms correspondant aux verbes
donnés. Les mots se lisent de gauche à droite, de haut en
bas et en diagonale.

– le réchauffement   – la pluie
– la fonte   – l'inondation
– émettre   – monter
– manquer   – détruire
– disparaître   – utiliser

U	Y	T	T	I	O	N	E	B	I	E	O	I	F	J
T	A	P	A	T	A	L	T	I	N	O	N	D	E	R
I	N	L	E	U	M	A	R	E	U	Y	C	I	M	O
L	R	E	C	H	A	U	F	F	E	R	H	S	I	U
I	E	U	H	A	N	I	R	O	T	I	A	P	S	S
S	A	V	O	U	Q	F	O	N	T	E	R	A	E	B
A	V	O	I	S	U	E	M	D	I	R	I	R	P	O
T	T	I	S	S	E	C	I	R	A	G	U	I	C	H
I	D	R	A	T	T	O	S	E	L	E	N	T	A	U
O	N	S	N	D	E	S	T	R	U	C	T	I	O	N
N	O	O	E	M	E	U	T	E	H	U	M	O	R	I
P	M	U	I	R	E	M	I	S	S	I	O	N	N	A

B2 Relever le défi climatique

 La France n'a pas à rougir...   → Stratégie 10, p. 226

a Avant l'audition : Lisez la consigne à la page 190 de votre livre. Quelle sorte de texte allez-vous entendre ?

b L'écoute globale : Ecoutez le texte audio une 1ère fois. Quel en est le thème central ?

☐ la météo des prochaines années   ☐ les pays les plus écologiques   ☐ le réchauffement de la planète

c L'écoute sélective : Ecoutez le texte audio une 2ᵉ fois. Complétez les phrases ci-dessous.

Nos émissions de _____ à effet de serre sont inférieures de _____ % par habitant par rapport à la moyenne

européenne, et même de _____ % par rapport à nos grands voisins.

La France est le 2ᵉ producteur européen d'énergie _____.

Les changements climatiques, nos concitoyens ne doivent pas les réduire à _____

_____

Il faut avoir le courage de dire qu'il n'y aura plus de _____ avant la fin d'un siècle.

Vrai ou faux ? Cochez la bonne réponse.

Selon le Président, l'énergie nucléaire est indispensable à la croissance.   ☐ vrai   ☐ faux
La solution au défi climatique, c'est la réduction de la production énergétique.   ☐ vrai   ☐ faux

d L'écoute détaillée : Ecoutez le texte audio une 3ᵉ fois.

Relevez dans le discours de Nicolas Sarkozy au moins 5 phénomènes qui menacent la planète.

Lesquels ne mentionne-t-il pas ? Reportez-vous si besoin au document à la page 189 de votre livre.

e Après l'audition : Commentez les solutions que propose le Président pour relever le défi climatique.

B3 Le parc nucléaire

Carte thématique 👁

a Sur quel(s) sujet(s) la carte B3 (LE p. 190) nous donne-t-elle des informations ? Cochez les bonnes réponses.

les réacteurs les moins sûrs de France ☐   les lieux de stockage des déchets nucléaires ☐
le nombre de centrales thermiques en France ☐   les réacteurs en construction ☐
le nombre de réacteurs nucléaires en France ☐   la localisation des réacteurs en France ☐
le nombre de mines d'uranium en France ☐   le nombre d'emplois dans les centrales nucléaires en
l'année pour laquelle est prévu l'arrêt des réacteurs ☐   France ☐

b Quelles informations précises le document nous donne-t-il sur les aspects que vous avez choisis en a) ?

B4 Energie : repenser l'avenir

1 Des arguments relativement convaincants...

→ §§ 47, 50

a Cherchez dans le texte B4 (LE p. 191) tous les mots
en -ment et classez-les.

Noms	Adverbes

b Révisez la formation des adverbes. Trouvez pour chaque adjectif l'adverbe correspondant et introduisez-le au bon endroit dans la phrase. Indiquez cet endroit avec une croix.

constant	_____	La consommation d'énergie augmente en France depuis la deuxième guerre mondiale.
malheureux	_____	Le pays n'a pas assez de ressources en énergies fossiles.
absolu	_____	Il faut trouver d'autres solutions.
énorme	_____	Pour garantir une certaine indépendance énergétique, le gouvernement investit dans le secteur du nucléaire.
relatif	_____	L'avantage, c'est que les ressources d'uranium se trouvent dans des pays stables sur le plan politique.
vrai	_____	Mais le risque d'un accident aux conséquences désastreuses, comme celui de Tchernobyl, existe toujours.
récent	_____	Les antinucléaires ont attiré l'attention des médias sur le risque d'attentats terroristes sur une centrale nucléaire et sur la difficulté de se protéger contre une telle menace.
bon	_____	

2 Avis partagés sur le nucléaire 👁

→ Stratégie 1, p. 218

a La lecture détaillée : Relisez le texte « Energie, repenser l'avenir » (LE p. 191) paragraphe par paragraphe. Choisissez parmi les mots proposés tirés du texte ceux qui conviennent comme mots-clés et soulignez-les.

§ 1 Il y a une décennie… à ses propres limites. (l. 1–6)	réchauffement climatique – tsunami – préoccupations écologiques
§ 2 La question… le plan politique. (l. 7–17)	poursuite – politique énergétique – effet de serre – nucléaire – contexte – pétrole – ressources – plan politique
§ 3 Face à ce plaidoyer… sur l'environnement. (l. 18–23)	nucléaire civil – dangers potentiels – construction – précaution – environnement
§ 4 Dans le registre… milliers d'années. (l. 24–26)	registre de la dangerosité – déchets nucléaires – durée
§ 5 D'autres arguments… par exemple. (l. 27–31)	arguments avancés – accident nucléaire – attentat terroriste – avion
§ 6 En France, comme… le sens du collectif. (l. 32–36)	pays occidentaux – associations de consommateurs – responsabilité individuelle – affaire – réapprendre – sens
§ 7 A côté de ces actions… de la planète. (l. 37–42)	chercheurs – usines marémotrices – solutions – avenir – conception – planète

b Relisez les deux derniers paragraphes du texte. Expliquez en quoi consistent la responsabilité de chacun d'entre nous et la responsabilité des scientifiques.

_____

_____

_____

_____

_____

_____

B5 OGM : vive le progrès ?

1 OGM, vive le progrès ? Tout est relatif... → §§ 64, 66 – 68   → Les pronoms relatifs, p. 11

a Relevez les pronoms relatifs dans le texte de F. Michel à la p.192 de votre livre.

b Complétez les phrases ci-dessous en introduisant le pronom relatif qui convient.

Les chercheurs en génétique développent des vaccins _____ on peut combattre des maladies.

Les avancées de la recherche en génétique constituent une évolution _____ on ne sait pas quoi penser.

Les OGM pourraient avoir des conséquences sur notre santé, _____ est inquiétant.

c Formez des phrases.

| Les légumes génétiquement modifiés sont des produits | sans lesquels auxquels pour lesquels qui dont que | beaucoup de gens refusent d'acheter. on ne connaît pas l'impact sur la santé des consommateurs. on dépense souvent moins d'argent que pour les produits « bio ». ne pourrissent pratiquement pas. ont très souvent peu de goût. on peut bien vivre. on devrait renoncer. |

_____

_____

_____

_____

_____

_____

_____

2 Dix tomates pour le prix d'une !   → Stratégie 15, p. 231

a Les arguments : Le kilo de tomates génétiquement modifiées coûte 0,25 €. Voilà divers arguments. Indiquez s'il s'agit d'arguments pour ou contre l'achat de ces tomates aux OGM et ajoutez vos propres arguments.

C'est très bon marché		Ça provoque peut-être des allergies.	
Les tomates, on ne les a pas traitées aux pesticides.		...	
On ne connaît pas les effets sur la santé.		...	
Elles sont de première qualité.		...	

b Prendre position : Et vous, achèteriez-vous ces tomates à 0,25 € le kilo? Justifiez votre point de vue.

 3 Offre de stage

Votre lycée a un partenariat avec un laboratoire de recherche français spécialisé dans la manipulation génétique des animaux.
Dans le cadre de ce partenariat, un poste de stage est à pourvoir pour un(e) lycéen(ne) allemand(e) (en classe 11/12).
Comme vous avez été recommandé(e) par votre proviseur, le directeur du laboratoire de recherche vous propose ce stage.
Il vous donne deux jours de réflexion et attend de vous une réponse par écrit.
Rédigez une lettre dans laquelle vous répondez à son offre et vous exposez vos raisons d'accepter ou de refuser ce poste.
Votre lettre contiendra environ 250 mots.

B6 Optimistes !

Une nouvelle renversante !

→ Stratégie 16, p. 232

Nous sommes le 1er avril 2031. Vous êtes rédacteur du journal télévisé de la 1ère chaîne publique. Rédigez les informations.

a Commencez par compléter le tableau suivant à partir de la BD à la page 193 de votre livre.

Qui ?	
Où ?	
Quand ?	
Quoi ?	un accident
Pourquoi ?	
Comment ?	

b Le plan : Rédigez maintenant votre texte en suivant la structure proposée.

– la nouvelle (une phrase)
– informations plus détaillées (maximum 5 phrases)
– réactions des hommes politiques, des gens dans la rue, … (maximum 5 phrases)
– résumé / conclusion (une phrase)

B7 Dingue, un clone !

Si j'avais un clone…

→ § 90   → Les phrases conditionnelles, p. 8

a Soulignez les formes verbales dans les phrases suivantes. Dites s'il s'agit d'un imparfait ou d'un conditionnel présent.

Si j'avais un clone, je lui ferais faire le ménage à ma place.
Mais si ce clone était vraiment comme moi, il refuserait de travailler. Il serait sans doute aussi paresseux que moi.
Et si Jeannette tombait amoureuse de lui, je serais furieux !

b Transformez les formes de l'imparfait au conditionnel présent et vice versa.

Imparfait	Conditionnel		Imparfait	Conditionnel		Imparfait	Conditionnel
nous avions			j'allais				ils seraient
	il viendrait		elle voyait			tu savais	
	vous devriez			elle ferait		je pouvais	

c Formez des propositions conditionnelles avec les verbes donnés en b).

B8 Trop belle pour être vraie

1 Le temps qui passe…

→ §§ 31, 35   → Les temps du passé, p. 36

a Complétez le tableau suivant en conjuguant au mode ou au temps demandé les verbes tirés du texte B8 (LE p. 194–195).

Passé simple	Infinitif	Passé composé	Passé simple	Infinitif	Passé composé
il chercha l. 3	chercher	il a cherché	il se demanda l. 15		
il s'installa l. 4			il offrit l. 25		
elle sourit l. 14			elle commença l. 26		
elle s'éloigna l. 14			elles protestèrent l. 29		
il la suivit l. 15			on s'habitua l. 30		

b Reformulez les phrases du texte contenant les verbes donnés en a) en remplaçant le passé simple par le passé composé.

2 Majhina 👁 ✎   → Stratégie 6, p. 223

a   Reportez dans le tableau les mots ou expressions du texte de Jean Molla qui décrivent Majhina en particulier
    et les parumains en général (LE p. 194 – 195). Ces expressions ont-elle une connotation positive (+), neutre (/) ou
    négative (–) ? Que ressort-il de ce tableau ?

	Portrait physique				**Portrait moral (caractère)**			
	Caractéristiques	+	/	–	Caractéristiques	+	/	–
Majhina								
Les parumains								

b   Comparez vos notes à celles d'un ou plusieurs camarades de classe. Discutez des différences.

c   A partir des éléments caractérisant les parumains, développez votre propre prototype. Décrivez-le en quelques phrases.

B9 Le Net omniprésent

1 Alors, la forme ? 👁

a   Retrouvez les expressions du champ lexical de la santé en combinant les verbes des deux colonnes de gauche
    aux compléments des deux colonnes de droite. Aidez-vous du texte B9 (LE p. 196) si besoin.

a) avoir	e) surveiller	1 son pouls	5 son taux d'alcoolémie
b) se sentir	f) consulter	2 sa santé	6 en forme
c) prendre	g) chercher	3 son dossier médical	7 un check-up
d) mesurer	h) effectuer	4 quelques conseils alimentaires	8 la tête qui tourne

a		e	
b		f	
c		g	
d		h	

b   Utilisez les expressions trouvées en a) pour décrire la façon dont Vincent et Audrey contrôlent leur santé.

Quand, au réveil, Vincent ne _____

_____

_____

_____

Andrey, elle, est prudente. Elle _____

_____

2 Vive la technologie !

→ § 39   → Le subjonctif, p. 15

a Expliquez l'emploi du subjonctif dans la phrase du texte (LE p. 196) aux lignes 13–15.

b Formez des phrases.

| Vincent continuera de s'acheter les modèles de PDA les plus récents | pour que
sans que
bien que
avant que
jusqu'à ce que
à condition que | sa vie (devenir) plus agréable.
sa copine qui n'est pas d'accord (pouvoir) intervenir.
il (savoir) qu'il n'a pas assez d'argent.
les anciens modèles (être) démodés.
on (inventer) une technologie encore plus moderne.
il (ne plus avoir) d'argent du tout.
ceux-ci (rester) performants.
personne ne le lui (interdire). |

C1 Faire quelque chose…

1 Il faut que tout le monde fasse quelque chose !

→ § 39   → Le subjonctif, p. 15

a Quelles expressions sont suivies du subjonctif ? Soulignez-les. En faisant l'addition des nombres placés devant ces expressions, vous devriez obtenir 54.

(1) Il faudrait que…, (2) Je pense que…, (3) Je veux que…,
(4) Il est grand temps que…, (5) Je trouve que…,
(6) J'exige que…, (7) C'est sûr que…, (8) Je trouve ça triste que…,
(9) Ce n'est pas juste que…, (10) J'espère que…,
(11) Il est nécessaire que…, (12) Il est temps que…

b Faites le catalogue des mesures qu'il faut prendre pour sauver la planète. Employez les expressions ci-dessus qui conviennent.

2 Quel bel héritage !

→ Stratégie 8, p. 224

UN JOUR, MON FILS, TOUT ÇA SERA A TOI !

a La description : Par groupes de deux, décrivez le dessin ci-contre. Commencez par le cadre de l'action, puis continuez avec l'attitude des deux personnages.

b Mettez vos résultats en commun.

c L'analyse : De quoi hérite l'enfant ? Expliquez le message de ce dessin.

C2 Un message de Nicolas Hulot

1 Un slogan pour votre « Pacte écologique »

a Trouvez des mots qui riment avec les mots « nature » et « écologie »

nature – sûr, _____ ; écologie – magie, _____

b Pour pouvoir faire des jeux de mots, trouvez des mots contenus dans les mots ci-dessous :

éco**logique**_____ massacrer_____ , animal_____ , équilibre_____

c Formulez maintenant votre slogan : _____

2 Alternatives

→ Stratégie 21, p. 237

Vous et vos camarades voudriez faire participer la classe avec laquelle vous êtes jumelés
en France au concours ci-dessous et présenter un projet commun. Pour que vos correspondants
sachent de quoi il s'agit exactement, vous leur résumez en français l'article ci-dessous.

Liebe Schülerinnen und Schüler,

ihr seid gefragt!

Stellt euch vor, ihr werdet beauftragt, ein tragfähiges und finanzierbares Konzept zu entwickeln, um die klimaschonende Energienutzung voranzutreiben und dazu beizutragen, den Klimawandel aufzuhalten.
„Die Energie kann als Ursache für alle Veränderungen in der Welt gesehen werden", schrieb der deutsche Physik-Nobelpreisträger Werner Heisenberg in seinem Werk „Physik und Philosophie".
Energie treibt uns an, lässt den Verkehr rollen und Maschinen laufen, gibt Licht und Wärme. Der Einsatz von Energie verändert aber auch das Gesicht der Welt. Seit der Industriellen Revolution im 19. Jahrhundert wird, vor allem von den westlichen Industrienationen, Kohle, Erdöl und Erdgas in rauen Mengen verbraucht. Dabei werden schädliche Stoffe wie das Treibhausgas Kohlendioxid freigesetzt – die Temperatur auf der Erde nimmt stetig zu. Die möglichen Folgen sind bekannt: schmelzende Gletscher und steigende Meeresspiegel, orkanartige Gewitter und Sturmfluten, auftauende Permafrostböden und Felsstürze, mildere Winter und mehr Schädlinge, Hitzewellen, Waldsterben und verseuchtes Trinkwasser. Sparsamer und rationeller muss Energie in Zukunft verwendet werden, will man das Klima wieder ins Gleichgewicht bringen. Außerdem gilt es, erneuerbare Energiequellen verstärkt anzuzapfen, um die umweltschädlichen Emissionen zu vermindern und die Energieversorgung langfristig zu sichern.

„Damit wirksame Klimaschutzpolitik sich nicht negativ auf die Wettbewerbsposition unserer Unternehmen auswirkt, müssen Maßnahmen zur Emissionsminderung nicht allein national, sondern möglichst im europäischen und internationalen Verbund vorangetrieben werden", erklärt das Bundesministerium für Wirtschaft und Technologie. Denn alle Ideen zur klimaschonenden Energienutzung bleiben utopisch, wenn es für die Wirtschaft nicht auch finanzielle Anreize gibt, sie umzusetzen und Energie nicht für jedermann bezahlbar bleibt. Die Große Koalition hat im August 2007 ein 30 Punkte umfassendes Klimaschutz-Paket vorgestellt, das helfen soll, den Kohlendioxid-Ausstoß im Land bis 2020 (im Vergleich zu 1990) um 35 bis 36 Prozent zu drosseln.
„Wir wollen die energieeffizienteste Region der Welt werden", verkündete Bundeswirtschaftsminister Michael Glos.
Um dies zu erreichen, sind immer neue Vorschläge gefragt, die über einen nationalen Aktionsplan hinausreichen, genauso gut aber auch lokale Eigeninitiativen einschließen können.

Wir freuen uns auf eure Vorschläge!

www.zeit.de/verlagsaktionen/alternativen/thema, April 2008 © *ZEIT-Verlag*

C3 Aux arbres, citoyens!

1 Une critique poétique

→ Stratégie 3, p. 220

La langue : Relisez le texte de la chanson « Aux arbres, citoyens ! » de Yannick Noah (LE p. 199).
Retrouvez dans le texte l'expression imagée correspondant aux explications ci-dessous :

- l'eau potable est polluée
 – _____

- habitants de la terre qui en ont pris illégalement possession mais qui ne resteront pas éternellement
 – _____

- de l'argent gagné dans la vente du pétrole
 – _____

- les nombreuses catastrophes naturelles montrent que ça va de pire en pire pour l'humanité
 – _____

- le monde entier est couvert de béton
 – _____

2 Impossible n'est pas français

→ Stratégie 10, p. 226

a Avant l'audition : Reformulez et expliquez le titre de l'exercice.

b L'écoute globale : Ecoutez le texte audio une 1ère fois. De quoi est-il question dans ce texte ?

☐ de la pollution industrielle ☐ de la lenteur du progrès ☐ des liens entre l'environnement et la technologie

c L'écoute sélective : Ecoutez le texte audio une 2e fois.
Dites si les phrases suivantes sont vraies (V) ou fausses (F).

La France sera bientôt le pays qui s'engage le plus pour l'environnement.
Le progrès technique est un facteur qui rend la protection de l'environnement toujours plus difficile.
Le progrès ne sert pas à grand-chose si les gens ne peuvent pas le payer.
Les nouvelles technologies mettent trop de temps à se propager.

Quels progrès techniques et quelles menaces pour l'environnement sont évoqués ?

☐ les OGM ☐ le clonage ☐ le TGV ☐ le nucléaire ☐ la voiture électrique
☐ le réchauffement climatique ☐ l'effet de serre ☐ la montée des eaux ☐ la fonte des glaciers

d L'écoute détaillée : Ecoutez le texte audio une 3e fois.
Deux domaines liés à l'environnement servent d'exemples pour montrer qu'on a besoin de technique, lesquels ?

_____

Choisissez l'un de ces exemples et expliquez le rôle de la science / de la technique dans ce cas.

e Après l'audition : A votre avis, la science a-t-elle plutôt des effets positifs ou négatifs sur l'environnement ?

Sciences et écologie – Vocabulaire

La liste suivante vous propose un choix de mots qui sont tirés des textes du module et qu'il serait bon de connaître.

Choisissez cinq mots qui vous semblent difficiles à retenir. Ecrivez une histoire courte qui contient ces cinq mots.

A1 le berceau Wiege; Geburtsstätte
attribuer qc à qn jdm etw. zuschreiben
se contenter de sich begnügen mit
contribuer à beitragen zu
le cancer Krebs
devoir qc à qn jdm etw. verdanken
une carte à puce Chip-Karte
une mémoire Gedächtnis; Erinnerung; Speicher
les données *f.* Daten
un rail Schiene
A2 le réseau ferré Schienennetz
une étoile Stern
être issu,e de stammen aus
un géant Riese
un échec Misserfolg, Scheitern
la fierté Stolz
cohabiter nebeneinander leben; existieren
sain,e gesund
un outil Werkzeug
promouvoir fördern
B1 l'effet de serre Treibhauseffekt
menacer bedrohen
l'énergie nucléaire Atomkraft
un séisme Erdbeben
favoriser begünstigen, fördern

une inondation Überschwemmung
la sécheresse Dürre, Trockenheit
B4 une décennie Jahrzehnt
la canicule Gluthitze, Hundstage
révéler aufdecken, enthüllen
avoir recours à zurückgreifen auf
une précaution Vorsichtsmaßnahme
nocif, -ive schädlich
la gestion de Führung, Verwaltung; Umgang mit
une éolienne Windrad
marémoteur, -trice Gezeiten-
la répartition Verteilung
équitable gerecht
au sein de in, innerhalb
à l'échelle *f.* **de** gemäß; auf … Ebene
B5 l'initiale *f.* Anfangsbuchstabe
un vaccin Impfstoff
pourrir verfaulen
une abeille Biene
envisager in Betracht ziehen; planen
prouver beweisen
B7 dingue *fam.* verrückt, wahnsinnig
une corvée lästige Pflicht
B8 le boulot *fam.* Arbeit
le comptoir Theke
l'habileté *f.* Geschicklichkeit

obéir gehorchen
l'humeur *f.* Laune
la volonté Wille
B9 le pouls Puls
un cabinet médical Arztpraxis
enregistrer aufnehmen
un réseau Netz(werk)
C2 nier leugnen
unanime einstimmig
l'équilibre *m.* Gleichgewicht
méticuleux, -euse sorgfältig
accomplir erledigen; erfüllen; vollenden, zu Ende bringen
vaste weit, großräumig
incarner verkörpern
un chantier Baustelle
un avocat (Rechts-)Anwalt; Fürsprecher
un lien Verbindung
les biens *m.* Besitztümer
un appui Unterstützung
C3 le poison Gift
prendre l'eau untergehen
une baffe *fam.* Ohrfeige
la veille Vortag
un squatter Hausbesetzer
éphémère vergänglich
le genou Knie

13

Le travail c'est la santé…

Choisissez parmi ces proverbes / citations sur le travail celui ou celle qui vous plaît le plus. Expliquez votre choix.

« Qui est oisif en sa jeunesse, peinera
dans sa vieillesse. »   *(proverbe)*

« Les bons travailleurs ont toujours le sentiment
qu'ils pourraient travailler davantage. »   *André Gide*

« Si l'on veut gagner sa vie, il suffit de travailler.
Si l'on veut devenir riche, il faut trouver autre chose. »
Alphonse Karr

« L'homme n'est pas fait pour travailler, et la preuve
c'est que cela le fatigue. »   *Tristan Bernard*

« Le travail rabaisse l'homme au rang de la machine. »
Boris Vian

A1 Que faire après le bac ?

Remise en question

→ §§ 74 – 79   → Le discours indirect, p. 23

a Reformulez les questions posées par Phosphore (LE p. 202) selon l'exemple.

Exemple : 1 Ce qui compte le plus pour moi, c'est…   →   – Qu'est-ce qui compte le plus pour vous ?

1 _____   5 _____

2 _____   6 _____

3 _____   7 _____

4 _____   8 _____

b Dans quels exemples ci-dessus pourrait-on poser la question par inversion ?

c Mettez-vous par deux. Posez ces 8 questions à votre voisin(e) et retenez sa réponse.
Présentez ensuite le « profil » de votre camarade au reste de la classe en suivant le modèle :

Je lui ai demandé ce qui comptait le plus pour lui/elle.
Il/elle m'a répondu que ce qui comptait le plus pour lui/elle, c'était…

d Pour finir, réfléchissez aux études / métiers qui vous intéressent. Préparez les questions que vous aimeriez
poser à un spécialiste pour vous informer.

_____

_____

_____

_____

_____

_____

A2 Bien s'orienter

1 Grille de lecture

→ Stratégie 1, p. 218

a Lisez le texte à la page 203 de votre livre. Le tableau ci-dessous devrait vous aider à mieux le comprendre. Recopiez-le puis complétez-le.

Lecture globale : les personnes	Lecture sélective : les mots-clés	Lecture détaillée : l'information principale
Léo		
Claire-Marie		
Marion		

b Selon vous, lequel des trois jeunes se reflète le mieux dans le dessin à la page 203 de votre livre ?

2 Et vice versa

a Ecrivez en face de chaque nom le verbe de la même famille et en face de chaque verbe le nom de la même famille.

la mise en place	_____	la réussite	_____	risquer	_____
réduire	_____	l'orientation	_____	le changement	_____
l'échec	_____	le choix	_____	une information	_____

b Utilisez les mots trouvés en a) pour décrire le processus d' « orientation active ».

c A partir du vocabulaire du texte (LE p. 203), faites un filet de mots autour du thème de l'éducation.

A3 Etudier à l'étranger

Un dossier complet

→ Stratégies 11 + 13, p. 226 + 228

a La prise de vue et les effets spéciaux : Regardez l'extrait du film *L'Auberge espagnole* sans le son.
Mettez-vous par deux pour étudier la prise de vue et les effets spéciaux. Choisissez un passage d'une minute environ.
Recopiez la grille d'analyse ci-dessous et remplissez-la ensemble.

	La prise de vue				Les effets spéciaux
	Le cadrage	La position de la caméra	La perspective	Les mouvements de caméra	
Observations					
Effets / fonction					

b Les images : Regardez encore une fois l'extrait sans le son. Observez le langage corporel :
  – de Xavier pendant le déjeuner avec l'ami de son père
  – de la 3ᵉ secrétaire (en orange) que Xavier va voir

Qu'expriment les gestes et mimiques des personnages dans ces extraits ?
Formez des groupes : présentez vos observations et échangez vos impressions.
Puis mimez l'une des deux scènes.

c Les images et le son (écoute sélective) : Regardez à nouveau la scène, cette fois avec le son.
Puis répondez aux questions ci-dessous.

L'ami du père de Xavier lui conseille de partir en Espagne
☐ parce que la poste espagnole cherche des francophones.
☐ parce qu'il pourra trouver du travail plus facilement après.
☐ parce qu'il est jeune et qu'il devrait en profiter pour s'amuser à Ibiza.

Xavier doit faire un mémoire de recherche sur Erasme.   ☐ vrai   ☐ faux

Pourquoi la secrétaire en chemisier orange se fâche-t-elle quand Xavier lui donne son dossier ?

_____

Citez au moins 3 documents que Xavier doit fournir avec son dossier :

_____

d Après le visionnement : Discutez en groupes des perspectives que ce séjour à l'étranger ouvre à Xavier.
Et vous ? Dans quel pays aimeriez-vous partir ? Pourquoi ?

A4 Le stage, un sésame ?

1 Jeu de lettres ◁ I ▷

→ Stratégie 8, p. 224

a Retrouvez la signification des sigles ci-dessous.

Terminale ES ☐ études supérieures   IUT   ☐ institut universitaire de technologie
              ☐ économique et sociale   ☐ institut d'utilité technique
BTS   ☐ brevet de technicien supérieur   CDD   ☐ certificat de docteur diplômé
              ☐ baccalauréat de travaux sociaux   ☐ contrat à durée déterminée
CDI   ☐ certificat de docteur initié   RTT   ☐ réduction du temps de travail
              ☐ contrat à durée indéterminée   ☐ rapport temporaire de travail
ASSEDIC   ☐ académie des sciences sociales européenne d'intérêt collectif
              ☐ association pour l'emploi dans l'industrie et le commerce

b Comment est représenté le parcours d'un jeune sur le dessin ci-dessous ?

CNE contrat nouvelle embauche, forme de contrat précaire ayant existé en France de 2005 à 2008

2 Une expérience que vous avez déjà vécue ? → § 28

a Relevez dans le dernier § du texte A4 à la p. 204 de votre livre les verbes au passé composé. Certains participes passés sont accordés : expliquez pourquoi.

b Complétez le texte ci-dessous en conjuguant les verbes entre parenthèses au passé composé.

Les diplômes qu'un jeune _____ (obtenir) et les séjours qu'il _____ (faire) à l'étranger dans le cadre de ses études sont très importants. Mais les stages qu'il _____ (effectuer) pendant son cursus sont décisifs pour l'obtention d'un emploi. Les jeunes qui _____ (faire) des stages reconnaissent qu'ils _____ (apprendre beaucoup). Les responsabilités qu'on leur _____ (confier) leur _____ (permettre) d'être plus sûrs d'eux après. Cela leur _____ (servir beaucoup).

c Racontez au passé composé une tâche que vous avez accomplie qui vous a permis de prendre des responsabilités.

3 L'utilité d'un stage 👁 → Stratégie 1, p. 218

a La lecture sélective : Lisez le texte A4 et présentez les informations des lignes 3–5 dans un schéma.

b La lecture détaillée : Complétez les phrases en vous aidant du texte.

Le stage est

un atout précieux…
une confrontation…
un moyen…
passionnant…
enrichissant…

4 Découvrir une entreprise française ✏️

Vous passez 6 semaines dans un lycée français. Le père de votre corres vous propose de venir faire un stage de 5 jours dans son entreprise pendant la dernière semaine de votre séjour. Vous aimeriez profiter de l'occasion pour découvrir le monde de l'entreprise en France.
Vous écrivez une lettre au directeur du lycée pour lui en demander la permission. Pour le convaincre, vous racontez les expériences de stage que vous avez déjà ou, si vous n'en avez pas encore fait, ce que vous en attendez. (environ 250 mots)

B1 Le parcours du combattant

🎧 Du travail ET un salaire ! 👂 → Stratégie 10, p. 226

a L'écoute sélective : Ecoutez le texte audio puis cochez les bonnes réponses.

Un stage permet aux jeunes de…
☐ travailler.
☐ financer leurs études.
☐ s'épanouir.
☐ compléter leur CV.

Les employeurs…
☐ proposent beaucoup de stages.
☐ paient les stagiaires correctement.
☐ profitent des stagiaires.
☐ sont conscients des difficultés des jeunes.

Complétez ce texte à trous avec les chiffres ou fractions manquants.

Après avoir fait ____ ans d'études, Emilie, jeune femme de ____ ans, a envoyé

environ _____ CV. _____ de ces demandes d'emploi ont été rejetées.

On lui a proposé des stages non rémunérés ou payés à _____ % du SMIC.

Soulignez ce qu'on a demandé à Emilie de faire pendant ses stages :

faire hôtesse d'accueil – travailler comme un salarié normal – travailler en fonction de son niveau d'études

b Après l'audition : Mettez en rapport le texte audio et le dessin ci-dessus. Imaginez ce que pense le jeune sur le dessin.

B2 Une annonce

CV et lettre de motivation 👁 ✏️

→ Stratégies 19 + 20, p. 235 + 236

a Lisez l'annonce à la page 205 de votre livre.

Lisez ces 3 CV et soulignez les atouts fournis par chaque candidat.

Lequel correspond le mieux au profil recherché par Europe Assistance ? Justifiez votre réponse.

Simone Dubois	Charles Dupuis	Claudine Pacinski
27, allée des Roses	3, place des Droits de l'Homme	5, rue du château
92767 Neuilly	03150 Varennes s/Allier	77696 Fontainebleau
18 ans, célibataire	22 ans, célibataire	21 ans, mariée

Simone Dubois
27, allée des Roses
92767 Neuilly
18 ans, célibataire

Chargée d'assistance

Formation
à partir de l'automne 2008
 BTS de tourisme
2008 Baccalauréat
 (AbiBac S), mention
 Bien

Expérience
2006–2008 Membre de l'équipe
 informatique « la page
 d'accueil » du lycée
été 2008 Monitrice dans une
 colonie de vacances
 internationale en
 Catalogne
printemps 2008 Stage de secourisme
2007 (3 mois) Séjour scolaire dans
 un lycée à Munich

Divers :
Allemand, anglais (lu, écrit et parlé),
espagnol (compris et parlé)
Loisirs : piano

Charles Dupuis
3, place des Droits de l'Homme
03150 Varennes s/Allier
22 ans, célibataire

Chargé d'assistance

Formation
2005 – 2008 IUT de technologie
2005 Baccalauréat
 technologique

Expérience
2008–2009 Responsable du refuge
 « Les trois puys »
 (Cantal)
Depuis 2005 Moniteur de ski
Depuis 2003 Membre des pompiers
 de Varennes
Depuis 1998 Quatre échanges
 scolaires avec
 l'Allemagne

Divers :
Allemand (lu, écrit et parlé), anglais
(écrit et lu)
Loisirs : cyclisme, parachutisme
(participation à des concours), rugby

Claudine Pacinski
5, rue du château
77696 Fontainebleau
21 ans, mariée

Chargée d'assistance

Formation
Depuis 2008 études à l'INSEAD
 (Business school)
 de Fontainebleau ;
 objectif : MBA
2006–2008 classe préparatoire
 aux écoles de commerce
2006 Baccalauréat (Section
 européenne anglais L)

Expérience
2007 Stagiaire à l'office de
 tourisme de
 Fontainebleau (3 mois)
Depuis 2006 Encadrement de stages
 de poneys pour enfants
Depuis 2006 Guide au château
 de Fontainebleau
2004 Année scolaire à Sydney
 (AUS)

Divers :
Anglais (lu, écrit et parlé), polonais
(compris)
Loisirs : politique (membre de l'UMP),
saxophone (en orchestre)

b Voici le témoignage de Nicolas sur son expérience professionnelle.

> Nicolas, 21 ans : « Je n'ai jamais été très motivé par les études. Après avoir obtenu mon bac STT en juin 2006, je me suis inscrit à l'ANPE. Sans diplômes, je n'ai obtenu que des petits boulots saisonniers : les pommes puis les vendanges à l'automne, la vaisselle dans un restaurant d'altitude pendant les vacances d'hiver, l'accueil dans un camping l'été. Puis je suis parti travailler à l'étranger. Après 6 mois en Angleterre comme serveur, puis réceptionniste dans un hôtel, j'ai décidé de rentrer en France. Je me suis inscrit en IUT Tourisme en septembre 2008. 2 ans d'études me suffisent. Aujourd'hui, après 6 mois de formation, je cherche un stage de 4 mois pour valider ma 1ère année. »

Nicolas choisit d'envoyer une candidature spontanée à une agence de voyage pour son stage de fin d'année.

1 Rédigez le CV de Nicolas.

2 Rédigez ensuite sa lettre de motivation. Référez-vous pour cela à la stratégie 19. N'oubliez pas :
 – de préciser ce qui l'intéresse en particulier dans le travail en agence de voyage et, si possible, à quel poste il postule.
 – de rappeler ses expériences professionnelles en rapport avec ce poste et de montrer ce qu'elles lui ont apporté.
 – d'employer un ton positif et motivé.
 – de respecter la forme d'une lettre officielle.

B3 L'entretien d'embauche

1 La grammaire gestuelle

→ Stratégie 6, p. 223

a Décrivez les positions et gestes des candidats ci-dessous.

b A votre avis, comment l'employeur pourrait-il interpréter le langage corporel de ces trois candidats ?

2 Sachez convaincre !   → § 38 (emploi du conditionnel)   → L'impératif, p 5 ; les phrases conditionnelles p. 8

a Relisez le texte B3 à la page 206 de votre livre et complétez les débuts de phrases ci-dessous formulées
par Gabriel pour donner des conseils :

– Vous devez toujours…
– Sachez…

Reformulez ces conseils de manière plus polie en utilisant le conditionnel.

b Complétez le tableau ci-dessous.

Impératif	Verbe modal	Conditionnel
Préparez-vous à toutes les situations !	Vous devez vous préparer à toutes les situations.	Vous devriez vous préparer à toutes les situations.
	Vous devez être franc et naturel.	A votre place, je serais…
		Si j'étais vous, j'éviterais d'être timide.
	Vous devez répondre à toutes les questions du recruteur.	
Attendez que le recruteur vous pose des questions.		
Ne vous laissez pas déstabiliser.		

c A vous ! Mettez-vous par deux. Donnez des conseils à votre partenaire pour qu'il prépare bien son entretien d'embauche.

C1 Prenez de la peine !

Travail = trésor ? ✏️

→ Stratégie 17, p. 233

Le travail est-il « un trésor » (La Fontaine) ? (voir Commentaire LE p. 207).

a Le sujet : Quel est le sujet de ce commentaire ? Reformulez-le avec vos propres mots.

_____

b Les arguments : Réfléchissez ensuite aux différents arguments pour ou contre cette thèse. Relevez ceux des deux poèmes, puis complétez-les avec vos propres arguments. Vous pouvez vous aider des proverbes et citations p. 148

Oui, le travail est un trésor.	Non, le travail n'est pas un trésor.

c L'opinion personnelle : Donnez maintenant votre avis en complétant les phrases ci-dessous.

La Fontaine _____ (a raison / a tort) quand il affirme que « le travail est un trésor ». La thèse selon

laquelle _____ est _____

(discutable / indiscutable). En effet, _____.

A mon avis, _____.

Pour moi, ce qui compte, c'est _____.

C2 Crever pour la mine

1 Noms et pronoms → §§ 53–55, 57, 58, 61 → Les pronoms sujets et objets – Les pronoms personnels disjoints , p. 6 ; les pronoms adverbiaux y / en, p. 18

a Soulignez les pronoms dans les phrases suivantes tirées de l'extrait de Germinal à la page 208 de votre livre.

– Je n'avais pas huit ans… et j'en ai cinquante-huit,
 à cette heure. (l. 3–4)
– C'est du charbon… J'en ai dans la carcasse. (l. 14)
– Tout le pays le savait. (l. 22)

– Il ne l'avait pas connu. (l. 23)
– Deux de ses oncles et ses trois frères… y avaient laissé
 leur peau. (l. 27)
– Son fils, Toussaint Maheu, y crevait maintenant. (l. 30)

b Reformulez ces phrases en remplaçant les pronoms par les noms / propositions auxquel(le)s ils renvoient en vous aidant du contexte dans le texte p. 208.

c Remplacez les expressions soulignées par le pronom qui convient.

Dans le Nord et l'Est de la France on était souvent mineur de père en fils.

_____ souvent mineur de père en fils.

On appelait les mineurs les « gueules noires ».

_____ les « gueules noires ».

Aujourd'hui, on fait venir du charbon d'Asie.

Aujourd'hui, on _____.

Les mineurs se sont révoltés contre les propriétaires des mines.

Les mineurs se sont révoltés _____.

2 Bonnemort

→ Stratégie 4, p. 221

a Le personnage : Lisez la 1ère partie du texte de Zola (l.1–16). Présentez brièvement le personnage interviewé par Etienne : son nom (interprétations possibles ?), son âge, son métier.

_____

Comparez.

Quelle image le narrateur donne-t-il de Bonnemort ?	Quelle image Bonnemort donne-t-il de lui-même ?	Quelle est votre impression personnelle ?

b Le discours : Lisez la 2e partie du texte (l.17–fin). Quelle différence constatez-vous entre la façon dont les paroles de Bonnemort sont rapportées dans la 1ère partie et celle dont elles sont rapportées dans la 2e ?

_____

c Complétez le tableau suivant avec les informations du texte qui permettent de faire le tableau de la famille Maheu.

Les personnages	Qui sont-ils ?	Qu'apprend-on sur eux ?

d A votre avis, quelle est l'intention de l'auteur dans cet extrait ?

C3 Les mains d'or

Travailler encore

→ Stratégie 12, p. 227

a La langue : Lisez les paroles de la chanson de Bernard Lavilliers à la page 209 de votre livre.
Complétez le tableau ci-dessous qui vous propose une analyse des structures de phrase.

Constatation	Exemple	Interprétation possible
– peu de verbes (phrases nominales)	–	– peu d'action
– grand nombre de constructions passives	–	–
–	– « rien », « ne… plus »	–

b Les métaphores : Trois couleurs sont très présentes dans cette chanson. Relevez-les et expliquez leur valeur métaphorique.

_____

c Le contenu : Comparez la vie des mineurs de « Germinal » p. 208 et celle des ouvriers de la chanson.

C4 Une reconversion en bonne voie

Une région intéressante pour un stage ? 👁

→ Stratégie 1 (lecture sélective), p. 218

a   Votre cousin de Cologne souhaite faire un stage en France après son bac. Il s'intéresse particulièrement à la construction de voitures. Sa région étant jumelée avec le Nord-Pas-de-Calais, c'est là qu'il souhaite chercher en premier.
Qu'en pensez-vous ? A-t-il des chances d'y trouver ce qu'il cherche ? Lui conseillez-vous d'y aller ?
Pour répondre, appuyez-vous sur le texte C4 à la page 210 de votre livre et sur vos connaissances générales.

b   Vous demandez l'avis de votre corres sur la ville de Lille. Celui-ci vous répond que les étudiants aiment bien Lille mais, pour que vous puissiez vous en faire une idée vous-même, il vous conseille de rechercher un palmarès des villes de France sur Internet. Après avoir fait cette recherche, allez-vous conseiller à votre cousin d'y aller ?

D1 Qu'est-ce que la mondialisation ?

Suffixes masculins et féminins

Relevez dans le texte D1 à la page 211 de votre livre les noms qui se terminent par -ion / -ation, -ment, -isme, -ance.
Reportez-les dans la case du tableau qui convient.

Suffixes masculins	Exemples	Suffixes féminins	Exemples

D2 Délocalisation !

Des subventions SVP ! 👄 ✏

→ Stratégie 14, p. 230   → §§ 80 – 83   → Le discours indirect, p. 23

a   Regardez la première bande de la BD d'Emile Bravo à la page 212 de votre livre puis indiquez quel personnage pourrait prononcer les phrases suivantes :

– Ah bon ? Nous, nos bénéfices s'élèvent à 12 milliards de dollars. _____

– Entrez ! _____

– Tiens-toi bien ! Cette année, nous avons fait des bénéfices de 5 milliards de dollars. _____

– Bonjour ! Nous venons pour demander des subventions de la part de l'Etat. _____

– C'est tout ?! Les nôtres atteignent… _____

b   Remettez le dialogue en ordre puis continuez-le pour les 11 autres vignettes en vous aidant du vocabulaire de la stratégie 14.

c   En vous appuyant sur vos réponses ci-dessus, racontez la discussion entre les différents personnages au style indirect.

Exemple : On frappe à la porte. Le maire dit aux visiteurs d'entrer. Ceux-ci pénètrent dans son bureau en discutant de… L'un d'eux se vante de… Le deuxième lui répond que…

D3 Face à la délocalisation

1 La guerre du coton

→ Stratégie 18, p. 234

a Les titres des paragraphes : Lisez le texte à la page 213 de votre livre. Retrouvez les parties du texte qui correspondent aux titres ci-dessous et remettez-les dans l'ordre.

_____ la première crise : l. _____   _____ le portrait de Patrick : l. _____   _____ la réaction de Patrick : l. _____

_____ la deuxième crise : l. _____   _____ le cadre géographique : l. _____

b La compréhension détaillée du texte : Relevez dans le texte les conséquences des éléments mentionnés dans la colonne de gauche.

Causes	Conséquences
au Maroc et en Tunisie : les bas salaires	
en Asie : – une main d'œuvre pas chère – une monnaie sous-évaluée – l'absence de lois strictes (santé, environnement)	pour Patrick :

c Le résumé : A l'aide de vos réponses ci-dessus, faites un résumé de ce texte.

2 Eviter le subjonctif

Lisez les phrases ci-dessous. Essayez de les paraphraser en utilisant une autre construction qui permette d'éviter le subjonctif. Faites attention à en respecter le sens.

Exemple : Parfois, il suffit d'y croire pour que ça marche. Parfois, il suffit d'y croire, et ça marche !

– Bien que l'emploi diminue, les entreprises continuent de produire autant qu'avant.
– Il ne faut pas rester passif. Mais que voulez-vous qu'il fasse ?
– Il aime participer à condition que tout le monde obéisse aux mêmes règles.

D4 La mondialisation inquiète

Un tsunami économique

→ Stratégies 1 + 15, p. 218 + 231

a La position de l'auteur : Lisez le texte de Nicolas Barré à la page 214 de votre livre. Pour mettre en évidence sa structure, retrouvez le rôle que joue chacun de ces passages dans le texte. Cochez la case correspondante.

	Constatation	Explication	Position de l'auteur
§§ 1–2 (l. 1–9)			
§ 3 (l. 10–14)			
§ 4 (l. 15–18)			
§ 5 (l. 19–22)			

Relisez la conclusion du texte (§5). Expliquez les expressions imagées « repousser les frontières » et « l'édification de digues ».
L'auteur oppose ces 2 expressions. Laquelle correspond à sa position ? Dans quelle mesure ?
Reformulez-la avec vos propres mots

b Votre position (voir Discussion LE p. 214) : En petits groupes, discutez des chances et dangers liés aux mesures proposées aux l. 19–22.

D5 N'ayons pas peur !

1 Les Français et la mondialisation

→ Stratégie 16, p. 232

La comparaison : Comparez les positions défendues dans les textes D4 et D5 (voir Commentaire, LE p. 215).
Pour ce faire, complétez les débuts de phrases ci-dessous.

Comme Nicolas Barré, qui évoque les inquiétudes liées à la mondialisation, Pascal Lamy…

Ainsi que le recommande N. Barré à la fin de l'article quand il affirme que le pays doit s'adapter techniquement et économiquement à la mondialisation, P. Lamy montre que la France…

A la différence de l'auteur du premier texte qui énumère des exemples de délocalisations pour expliquer les inquiétudes largement répandues, le spécialiste interviewé dans le deuxième texte, lui, se sert de l'exemple des délocalisations pour…

2 La mondialisation va-t-elle nous tuer ?

a Lisez les questions. Puis écoutez une 1ère fois le texte audio et essayez de répondre aux questions.

Ce document est ☐ un discours ☐ un reportage ☐ une interview.

Face à la mondialisation, la France est ☐ plus ☐ moins ☐ aussi confiante que les autres pays.

Quelle est la proportion de Français qui voient la mondialisation comme un danger ? _____

Citez l'exemple d'un autre pays auquel est comparée la France et indiquez quelle proportion de sa population considère la mondialisation comme un danger.

_____

Quel est le cliché que Mme Verdier-Molinier essaie de démonter ?

_____

La France ☐ est le pays le plus durement touché par la mondialisation.
☐ n'a pas encore réussi à voir les chances liées à la mondialisation.
☐ s'entraîne à combattre la mondialisation.

Quel est le taux de chômage en France ? _____ Et dans les autres pays cités ? _____

Quels pays sachant tirer profit de la mondialisation sont cités en exemple ? _____

Quelle est la preuve que ces pays réussissent à exploiter la mondialisation ? _____

Nommez les deux raisons mentionnées par Mme Verdier-Molinier pour montrer que la mondialisation n'est pas seulement synonyme de délocalisations et de chômage.

_____

_____

b Ecoutez le texte audio une 2e fois et complétez vos réponses.

3 Les bons côtés de la mondialisation F<>D

→ Stratégie 21, p. 237

Les rédacteurs du journal scolaire du lycée jumelé avec le vôtre veulent sortir un numéro spécial portant le titre : « La mondialisation fait peur ». Ils souhaitent rassembler des articles de différents pays et vous demandent de leur envoyer un texte sur le sujet. Pour écrire ce texte, vous utilisez le témoignage ci-dessous. Choisissez pour titre : « La mondialisation fait peur, mais pas à tout le monde… »

Globalisiert
Von den schönen Seiten der weltweiten Vernetzung

Ja ja, die Globalisierung ist böse. Jedes Kind weiß mittlerweile, dass sie dazu führen kann, dass bescheidene Billiglöhner in China den deutschen Fabrikarbeitern die Jobs wegnehmen, oder dass rumänische Wanderarbeiter auf deutschen Baustellen ohne Vertrag oder regelmäßiges Einkommen schuften, während ihre Familien zu Hause in Siebenbürgen sitzen und auf Mitbringsel aus der Welt der Reichen warten. Die Globalisierung bedeutet, dass Filialen in Bochum schließen und Fusionen sowie Heuschreckeninvasionen an der Tagesordnung sind. Aus der Sicht derjenigen, die etwas haben und es nicht verlieren wollen, ist das gar nicht lustig. Dass diejenigen, die noch nichts haben, davon profitieren können, ist eine andere Geschichte.

Es gibt jedoch auch noch etwas anderes, was man Globalisierung nennen kann, und damit ist nicht zwingend das Internet gemeint. Um private Welten geht es aber schon. Idealistisch ausgedrückt: um länder- und grenzübergreifende Freundschaft.

Was vor dreißig Jahren noch exotisch war, ist heute an der Tagesordnung. Während unsere Eltern vielleicht einen Brieffreund in Bayern hatten und mit der Verwandtschaft in der DDR unregelmäßig Neuigkeiten austauschten, ist heute für viele ganz normale Menschen, die weder allzu reiche Eltern noch allzu intellektuellen Hintergrund haben, internationaler Austausch eine Selbstverständlichkeit. Man macht im achten Schuljahr beim Schüleraustausch mit und verbringt zwei Wochen bei einer höflichen britischen Familie, bei der morgens zum Frühstück schon der Fernseher läuft. Man absolviert als 16-Jähriger das obligatorische Austauschjahr in den USA und kehrt 10 Kilo schwerer und um einiges erwachsener mit einem bekritzelten Yearbook nach Hause zurück. Schon kommen einem die Zuhausegebliebenen ein wenig langweilig vor. Im Studium lernt man dann Erasmusstudenten aus Frankreich und Italien kennen und weiß schon bald, dass man auch einmal einer werden möchte. Man meldet sich für das beliebteste europäische Austauschprogramm an und kämpft mit unzähligen Konkurrenten um wenige heißbegehrte Plätze an besonders schönen Universitäten, oder man findet sich mit dem Angebot ab und verbringt ein Semester an einer unbekannten Provinzuni. Manche sind auch abenteuerlustig genug, um ohne die schützende Hand des Herrn, der vor vierhundert Jahren schon das Lob der Torheit verfasste, sich eigenständig einen Studienplatz in Südamerika zu suchen. Andere gehen zum Praktikum nach Japan oder Südafrika oder machen einen mehrere Tausender teuren Sprachkurs in Paris.

Viele lernen tatsächlich fremde Sprachen dabei, andere mogeln sich mit Schulenglisch durch; aber alle müssen Neues probieren, unbekannte Menschen für sich einnehmen und sich mit dubiosen Speisen anfreunden. Dann jedoch kommt man wieder nach Hause – und versteht die Menschen nicht mehr, die man vor vier Monaten dort zurückließ.

© Christina Müller, Text am 19.08.2008 auf *www.neon.de* veröffentlicht (gekürzt)

Le monde du travail – Vocabulaire

La liste suivante vous propose un choix de mots qui sont tirés des textes du module et qu'il serait bon de connaître.

Relevez dans la liste 5 verbes et trouvez pour chacun d'eux un nom de la même famille.

A1 **l'équitation** f. Reitsport
un don Spende; Begabung
A2 **une fac(ulté)** (Univ.) Fachbereich
une filière Studiengang; Branche
un bachelier Abiturient
un taux Rate
un redoublement Sitzenbleiben
de justesse knapp
un IUT (institut universitaire de technologie) *etwa* Fachhochschule
la gestion Betriebswirtschaft
opter pour wählen für
la densité Dichte
A4 **un cadre** Rahmen; leitende(r) Angestellte(r)
un BTS (brevet de technicien supérieur) Technik-Diplom
la comptabilité Buchführung
viticole Wein-
confier qc à qn anvertrauen; übertragen
quant à... was ... betrifft
B2 **le temps partiel** Teilzeit

un CDI (contrat à durée indéterminée) unbefristeter Vertrag
un interlocuteur Gesprächspartner
un pompier Feuerwehrmann
à l'aise woll, bequem, unbefangen
B3 **un entretien** Gespräch
l'embauche f. Einstellung
la franchise Offenheit
un piège Falle
embarrassant,e unangenehm, lästig
honnête ehrlich
C1 **creuser** graben
C2 **crever** platzen; eine Reifenpanne haben; *fam.* sterben
le charbon Kohle
un mineur Bergmann; Minderjähriger
cracher (aus)spucken
renvoyer entlassen
la toux Husten
un os Knochen
C3 **une cheminée** Schornstein
mouillé,e nass

l'acier m. Stahl
les poumons m. Lunge
une tranchée Graben
un navire Schiff
les marées f. Gezeiten
vaincre (be)siegen
C4 **rouillé,e** verrostet
gâté,e verwöhnt
la voie ferrée Eisenbahngleis
un détroit Meerenge
D1 **croissant,e** steigernd
D3 **la délocalisation** Auslagerung ins Ausland
la rive Ufer
demeurer bleiben
la main d'œuvre Arbeitskräfte
D4 **migrer** ziehen, wandern
les matières premières Rohstoffe
les pays émergents Schwellenländer
un logiciel Software
D5 **la perception** Wahrnehmung
les impôts m. Steuern

Auto-évaluation avant

1 **Planète jeunes**	– Texte audio : B4, 5 *Accro aux jeux vidéo ?* * – Solutions des exercices du cahier – Vocabulaire thématique (avec exercices) – Vocabulaire thématique, solutions des exercices – Auto-évaluation du module
2 **Paris**	– Texte audio : C7, 2 *Sortir à Paris* * – Solutions des exercices du cahier – Vocabulaire thématique (avec exercices) – Vocabulaire thématique, solutions des exercices – Auto-évaluation du module
3 **L'Histoire à grands pas**	– Texte audio : B2, 3 *De Gaulle, 1er président de la Ve République* rfi – Solutions des exercices du cahier – Vocabulaire thématique (avec exercices) – Vocabulaire thématique, solutions des exercices – Auto-évaluation du module
4 **La France, l'Allemagne et l'Europe**	– Texte audio : C1 *Pourquoi l'Europe ?* – Solutions des exercices du cahier – Vocabulaire thématique (avec exercices) – Vocabulaire thématique, solutions des exercices – Auto-évaluation du module
5 **La francophonie**	– Texte audio : C4, 2 *La tabagie québécoise* rfi – Solutions des exercices du cahier – Vocabulaire thématique (avec exercices) – Vocabulaire thématique, solutions des exercices – Auto-évaluation du module
6 **Une société multiculturelle**	– Texte audio : B4, 2 *« Français sans-rien-derrière »* rfi – Questions pour la discussion: B5, 3 *Abdul-Aziz du 16e* – Solutions des exercices du cahier – Vocabulaire thématique (avec exercices) – Vocabulaire thématique, solutions des exercices – Auto-évaluation du module
7 **Problèmes de société**	– Texte audio : A3, 2 *Travailler pour vivre ou pour survivre ?* rfi – Solutions des exercices du cahier – Vocabulaire thématique (avec exercices) – Vocabulaire thématique, solutions des exercices – Auto-évaluation du module
8 **La vie Politique**	– Texte audio : A2, 4 *Les résultats des élections législatives* * – Questions pour la discussion: B6, 3 *Les Ouvreurs volontaires* – Solutions des exercices du cahier – Vocabulaire thématique (avec exercices) – Vocabulaire thématique, solutions des exercices – Auto-évaluation du module
9 **Arts et culture**	– Texte audio : D2, 3 *Le 104* rfi – Solutions des exercices du cahier – Vocabulaire thématique (avec exercices) – Vocabulaire thématique, solutions des exercices – Auto-évaluation du module
10 **Littératures**	– Questions pour la discussion: A1, 3 *Les jeunes et la lecture* – Texte audio : A3 *Le droit de choisir son genre littéraire* RTL – Solutions des exercices du cahier – Vocabulaire thématique (avec exercices) – Vocabulaire thématique, solutions des exercices – Auto-évaluation du module
11 **Les médias**	– Texte audio : A2, 2 *L'avis d'une professionnelle* – Texte audio A4, 3 *La presse écrite va mourir* rfi – Solutions des exercices du cahier – Vocabulaire thématique (avec exercices) – Vocabulaire thématique, solutions des exercices – Auto-évaluation du module
12 **Sciences et écologie**	– Texte audio : C3, 2 *Impossible n'est pas français* rfi – Solutions des exercices du cahier – Vocabulaire thématique (avec exercices) – Vocabulaire thématique, solutions des exercices – Auto-évaluation du module
13 **Le monde du travail**	– Texte audio : D5, 2 *La mondialisation va-t-elle nous tuer ?* rfi – Solutions des exercices du cahier – Vocabulaire thématique (avec exercices) – Vocabulaire thématique, solutions des exercices – Auto-évaluation du module

Stratégies

Auto-évaluation après

* **Produktion:** Klett Studio – **Sprecherinnen und Sprecher:** Frédéric Auvrai, Laure Boivin, Régis Titeca
Tontechnik: Bauer Studios GmbH, Ludwigsburg – **Presswerk:** P+O Compact Disc, Diepholz